평신도를 위한
알기 쉬운 교리

도서출판 하늘향
ⓒ 2017

평신도를 위한 알기 쉬운 교리

초판 1쇄 인쇄 | 2017년 2월 20일
초판 1쇄 발행 | 2017년 2월 24일

책임편집 최윤배 박성규 백충현
펴낸이 임성빈
펴낸곳 도서출판 하늘향

등록 제2014-31호
주소 04965 서울시 광진구 광장로5길 25-1(광장동 353)
전화 02-450-0795
팩스 02-450-0797
디자인 디자인 창공

값 12,000원
ISBN 979-11-88106-00-4 03230
ⓒ도서출판 하늘향 2017

* 이 도서의 국립중앙도서관 출판예정도서목록(CIP)은
  서지정보유통지원시스템 홈페이지(http://seoji.nl.go.kr)와
  국가자료공동목록시스템(http://www.nl.go.kr/kolisnet)에서
  이용하실 수 있습니다. (CIP제어번호 : CIP2017004351)

• 잘못된 책은 바꿔 드립니다.
• 이 책은 저작권법의 보호를 받는 저작물이므로 무단전제와
  복제를 금합니다.

평신도를 위한
알기 쉬운 교리

안윤기 김도훈 신옥수 김명용 백충현
윤철호 현요한 박성규 최윤배 낙운해

책임편집
최윤배 · 박성규 · 백충현

머리말

종교개혁 500주년 기념의 해를 맞이하여 한국 교회는 물론 세계 교회 속에서 "교리(敎理, doctrine)"에 대한 경시 사상이나 교리의 불필요성의 풍조가 만연하고 있습니다. 그러나 어떤 면에서 볼 때, 종교개혁 운동은 참된 교리 회복 운동이었습니다. 포스트모던 시대의 진리상대주의 등이 교리 경시에 한 몫을 하였겠지만, 교회와 신학도 여기에 예외는 아니었습니다. 교회와 신학이 지나친 교리 논쟁으로 교리주의에 빠지거나, 교리를 삶과 동떨어지게 가르치거나 어렵게 가르친 나머지, 교회의 일반 평신도들은 교리로부터 등을 돌리게 되었습니다. 우리는 이 책을 통하여 교리의 절대 필요성과 절대 중요성을 상기시키고, 교리는 어려운 것이 아니라 정말로 쉽다는 사실을 알리고 싶습니다.

교리는 방대한 성경 속에 계시된 진리를 공적인 교회가 알기 쉽게 체계적으로 정리한 내용입니다. 우리가 주일 예배 때마다 고백하는 「사도신경」은 성경이 계시하는 진리의 주요 내용을 교리의 형태로 표현한 것입니다. 건축물에 비유한다면, 기독교 교리는 건축물을 형성하고, 지탱하는 골조에 해당되기 때문에 기독교를 위하여 절대적으로 중요하고, 필요합니다.

이 책은 장로회신학대학교 기독교사상과문화연구원 기독교사상연구부에 속한 교수님들에 의해 집필되었습니다. 안윤기 교수님께서 "신앙

과 이성"(기독교인식론)을, 김도훈 교수님께서 "무신론 시대의 기독교 변증"(기독교변증론)을, 신옥수 교수님께서 "하나님은 어떻게 우리를 다스리며 돌보시는가"(섭리론)를, 김명용 전 총장님께서 "예정론의 참된 의미"(예정론)를, 백충현 교수님께서 "인간의 가능성과 절망성과 새로운 가능성"(인간론)을 집필하셨습니다.

그리고 윤철호 교수님께서 "너희는 나를 누구라 하느냐"(기독론)를, 현요한 교수님께서 "성령의 존재와 그 사역"(성령론)을, 박성규 교수님께서 "구원의 은총과 구원의 확신에 관하여,"(구원론)를, 필자가 "교회란 무엇인가"(교회론)를, 낙운해 교수님께서 "희망의 가르침으로서의 기독교의 종말론"(종말론)을 집필하셨습니다.

이 책의 집필에 참여하신 모든 교수님들과 책임편집 교수님들과 이 책의 편집 출판 과정에서 수고를 아끼지 않으신 임성빈 총장님, 김도훈 연구지원처장님과 출판 관계자분들에게 감사를 드립니다. 무엇보다도 이 책을 통해 한국교회에 하나님의 진리로서의 교리가 풍성해지기를 기도드리며, 성 삼위일체 하나님께 영광을 돌려드립니다.

2017년 2월 1일 마포삼열기념관 5022호에서
기독교사상과문화연구원 기독교사상연구부장 **최 윤 배**

목차

머리말 | 5

기독교인식론 | 안윤기 | 11
신앙과 이성

기독교변증론 | 김도훈 | 29
무신론 시대의 기독교 변증

섭리론 | 신옥수 | 63
하나님은 어떻게 우리를 다스리며 돌보시는가?

예정론 | 김명용 | 89
예정론의 참된 의미

인간론 | 백충현 | 107
인간의 가능성과 절망성과 새로운 가능성

| 기독론 | 윤철호 | 127

너희는 나를
누구라 하느냐?

| 성령론 | 현요한 | 153

성령의 존재와
그 사역

| 구원론 | 박성규 | 181

구원의 은총과
구원의 확신에 관하여

| 교회론 | 최윤배 | 211

교회란 무엇인가?

| 종말론 | 낙운해 | 235

희망의 가르침으로서의
기독교의 종말론

기독교
인식론

신앙과 이성

안
윤
기

기독교
인식론

지식과 이성

철학자 아리스토텔레스의 주저 『형이상학』은 다음의 문장으로 시작합니다. "인간은 본성적으로 앎을 추구한다". 그의 말처럼, 안다는 것, 곧 지식 활동은 인간 생활에서 결코 떼어놓을 수 없는 한 요소가 아닐까 생각됩니다. 우리는 누구나 이런 저런 모양의 지식을 갖고 있고, 또 뭔가를 새롭게 알고 싶어 합니다. 모든 학문의 모태가 되는 '철학'은 서양언어로 필로소피(philosophy), 혹은 필로소피아(philosophia)라고 부르는데, 이 말의 원 뜻은 '지식(sophia)을 추구함(sophia)', 즉 '알고 싶어함'입니다. 그러니까 뭔가를 알고 싶어 하는 인간의 본성이 철학 활동을 통해 표현되었고, 여기서 온갖 분과 학문(科學)들이 독립해 나온 것입니다. 알고 싶은 내용은 헤아릴 수 없이 많을 것입니다. 만일 주말에 야외 행사를 계획한다면 그 날 날씨가 어떨지 궁금할 것이다. 자식이라면 연로하신 부모님의 건강이 항상 염려스러울 것이고, 또 새로 시작한 사업이 성공할 수 있을지, 한반도의 정세는 어떻게 변할지 등등, 우리는 항상 지적 갈증을 느끼며 하루하루 살아갑니다.

그런데 지식에는 이런 개개의 사안에 대한 '개별적 지식' 외에도, 원리나 이치, 법칙에 대한 '일반적 지식'도 있습니다. 예컨대 단순히 내일 날씨가 아니라 대기 기상 변화 전체가 일어나는 법칙에 대한 지식, 내가 새로 벌인 사업이 성공할지 어떨지 여부보다는 경제 전반이 돌아가는 원리에 대한 지식이 그런 보편적, 일반적 지식입니다. 300여 년 전 영국의 아이작 뉴튼은 사과 한 알이 땅에 떨어지는 개별 사례를 보았지만 거기서 만유인력 법칙을 끌어낼 수 있었고, 케플러는 몇 개의 별에 대한 관측 자료를 토대로 천체의 운동 궤도와 속도를 계산할 수 있었습니다. 이러한 법칙 내지 이치를 그리스어로 '로고스'(logos)라 불렀는데, 보통은 이러한 로고스에 대한 파악, 곧 일반적 지식이 개별적 지식보다 더욱 귀중한 것으로 간주되었습니다. 마치 아이에게 물고기 한 마리를 잡아주어 오늘 저녁 식사를 해결할 수 있게 해주는 것 보다 아예 물고기 잡는 요령(법칙)을 가르쳐 주는 것이 더욱 소중하고, 특정 수학 문제 하나를 풀어주는 것보다 해당 유형의 문제를 모조리 풀 수 있는 해법과 공식을 아는 것이 더욱 중요하듯이 말입니다. 무릇 지식이 그 정도의 일반성, 보편성은 갖추어야 비로소 '학문'이라 불릴 수 있을 것입니다. 그래서 '지식 추구' 활동, 즉 철학에서 시작해 각기 독립해 나간 제반 학문들은 물리(物理)학, 심리(心理)학, 생리(生理)학, 지리(地理)학, 병리(病理)학, 또는 서양언어로 biology, anthropology, cosmology, technology 등, 학명에 원리(原理), 또는 로고스(logos)란 어근을 넣어서, 해당 분야의 로고스, 그러니까 그 연구 대상이 갖는 이치, 법칙에 대한 일반적 지식을 추구하는 활동임을 명확히 보여주려 했습니다. 그러니까 인간은 본성적으로 지식을 추구하되, 그것도 개별적, 우연적인 잡다한 사례보다는 보편성, 필연성을 지닌 원리, 법칙을 좀 더 알고 싶어 합니다. 이러한 인간의 본성적 욕구에서 비롯된 활동이 바로 넓은 의미에서의 철학이요, 또 학문 일체인 것입니다.

그런데 인간이 지식을 가질 수 있는 것은 그럴 만한 능력이 인간에게 있기 때문입니다. 예컨대 토끼나 민들레는 백만 년이 지나도 인간 수

준의 학문과 문화를 형성하지 못합니다. 그들에게는 인간에게만 있는 바로 그 지식획득 능력, 곧 로고스를 파악하는 능력이 없기 때문입니다. 그래서 사람들은 바로 이 로고스, 즉 이치를 파악하는 인간 내부의 능력을 일컬어 이성(理性), 즉 '이치를 파악하는 능력'이라고 불렀고, 인간에게만 이 능력이 있다는 사실에 착안하여, 인간을 '이성적 동물'로 정의하기에 이릅니다(아리스토텔레스). 그러니까 '이성'이란 그 단어는 근원적 의미에서 볼 때 '이치를 파악하여 지식을 습득할 수 있는 인간의 능력 전체'를 포괄적으로 지칭합니다. 물론 세월이 흐르면서 이성 개념도 조금씩 변하면서 예컨대 '이성과 감성의 대립' 같은 모습도 나타나지만, 우리가 이제부터 논의할 주제와 관련된 것은 감성까지도 포함하는 넓은 의미의 이성, '인간의 지식능력 전체' 입니다.

이성과 신학 – 자연신학은 가능할까요?

인간은 자신에게 주어진 지적 능력, 곧 이성을 사용하여 많은 영역에서 고도의 지식을 습득해 왔습니다. 그러면 우리는 신적인 영역, 즉 하나님과 그 분의 경륜도 이성으로 알 수 있을까요? 만유의 주재 되시는 하나님은 어떤 분이시고, 그 분께서 창조하시고 통치하시는 세상은 과연 어떻게 돌아가는 것일까요? 누구나 가질 수 있는 이런 궁금함에 답하기 위해 이 주제에 관심을 갖고 지적 탐구하는 것을 일컬어 '신학'이라 한다면, 얼핏 보기에 이런 작업에 이성이라는 도구를 사용하는 것도 그리 문제되지 않아 보입니다. 신학을 영어로 '테올로지'(theology)라고 쓰는데, 이것은 어원상 '테오스'(theos, 신)와 '로고스'(logos, 이치)의 합성어이니, 신학은 곧 하나님 자신과 그와 연관된 여러 사안들에 관한 이치를 탐구하는 인간의 지적 작업 아니겠습니까? 그리고 이런 연구 활동은 인간에게 이치 파악의 능력, 즉 이성이 있기 때문에 가능할 것이라고 볼 수도 있겠습니다.

이런 식으로 인간의 힘으로 하나님에 대해 알려 노력하는 활동을 일컬어 '자연신학'(natural theology)이라 합니다. 실제로 이런 시도는 옛날부터 항상 있어 왔고 오늘날까지 철학의 한 분과로 확고히 자리 잡고 있습니다. 그러니까 인간 편에서 출발해 자력으로, 인간이 가진 이성의 힘으로 하나님의 영역을 파악하는 단계까지 이르려는 노력이 자연신학입니다. 예컨대 플라톤은 『법학』 제10권에서 모든 사람들에게서 발견되는 자연종교에 관해 말하는데, 이에 따르면 하나님의 살아계심과 세계를 통치하심, 또 선하심은 인간이라면 누구나 알 수 있는 일이라고 한다. 그러니까 이와 정반대되는 무신론이나 세상에 대해 무관심한 하나님, 혹은 제물에 의해 하나님이 타락할 가능성 같은 것은 애초부터 얼토당토 않는 생각임을 누구나 알 수 있는데, 그것도 인간 자신의 힘으로, 그러니까 이성의 힘으로 넉넉히 알 수 있다고 플라톤은 생각했던 것입니다.

자연신학은 마치 성경에 의해서도 뒷받침되는 것처럼 보입니다. 로마서 1장 19-20절에 다음과 같이 기록되어 있습니다. "이는 하나님을 알 만한 것이 그들 속에 보임이라 하나님께서 이를 그들에게 보이셨느니라 창세로부터 그의 보이지 아니하는 것들 곧 그의 영원하신 능력과 신성이 그가 만드신 만물에 분명히 보여 알려졌나니 그러므로 그들이 핑계하지 못할지니라" 또한 시편 19편 1절은 다음과 같이 말씀합니다. "하늘이 하나님의 영광을 선포하고 궁창이 그의 손으로 하신 일을 나타내는도다"

이런 구절들에 따르면, 세상 만물에는 창조주 하나님의 인장(印章)이 이미 찍혀 있기 때문에 우리가 자연 세계만 보더라도 신학, 즉 하나님에 대한 지식을 아무 어려움 없이 스스로 습득할 수 있다는 것을 성경이 승인해주고 있는 듯합니다.

중세에는 자연신학적 인식 방법론이 아주 애용되었습니다. 11세기의 대표적 사상가였던 안셀무스는 『프로스로기온』이라는 책에서 소위 '존재론적 신 존재 증명'을 고안해 내어, 바보가 아니라면, 즉 이성을 가진 사람이라면 누구나 하나님의 살아계심을 인정할 수밖에 없음을 강력하게 논증하였고, 중세 철학의 대가 토마스 아퀴나스는 『이교도 대전』에서 말하기를, 우리가 설혹 성경을 믿지 않는다 해도 하나님의 존재와 자연의 운행법칙을 알 수 있는데, 이슬람 세계의 학문적 업적이 이를 증명한다고 주장했습니다. 이성은 마치 '자연적 빛'과 같아서, 그것만 가지고도 우리가 피조세계를 파악하고, 또 이로부터 추리를 통해 하나님을 아는 것에 하등의 문제될 것이 없다는 것입니다.

자연신학은 심지어 종교개혁자들에게서도 승인되는 것처럼 보입니다. 칼뱅 신학을 이어받았다고 자처하는 17세기 정통주의 신학자들은 인간의 전적 타락을 강조하면서도 다른 한편으로 '일반 은총'이라는 명목 하에 자연신학의 가능성을 인정했습니다. 예컨대 리센은 3가지 방식으로 자연신학이 가능함을 주장했는데, 첫째로 인과율(causalis), 즉 결과로부터 그 원인을 찾는 방법으로, 둘째로 비교율(eminentia), 즉 인간이 가진 면모에 탁월성을 부여함으로써, 셋째로 부정적 방법(negativa)으로, 즉 피조물이 갖는 불완전성을 제거함으로써 우리는 하나님에 대한 지식을 얻을 수 있고, 그렇게 수립된 자연신학 체계는 반드시 다음의 다섯 가지 내용을 포함해야 하는데, 그것은 ① 하나님이 살아계시며, ② 우리는 그 분을 마땅히 경배해야 하며, ③ 우리는 선한 삶을 살아야 할 의무를 가지며, ④ 영혼은 불멸하며, ⑤ 선행에 대해서는 상급이, 악행에 대해서는 징벌이 주어질 것이라는 사실입니다.

그 외에도 19세기 자유주의 신학자 거의 대다수가 자연신학 문제에 관해 긍정적인 견해를 보였으며, 20세기 초에는 칼 바르트와 에밀 브루너의 논쟁을 계기로 이 문제가 현대신학의 주요 관심사로 등장하기도 했습니다.

신학 불가지론

그러나 조금만 더 깊이 생각해 보면 이 문제는 그리 간단치 않음이 드러납니다. 신학(theology)이 어원상 '하나님과 관련된 이치 내지 원리를 알려는 지적 활동'이기에 마땅히 인간의 지적 능력인 이성이 사용되어야 한다는 발상은 신학이 연구하려는 대상의 독특성을 제대로 고려하지 못한 지나치게 단순한 생각일 뿐입니다. 하나님은 본질적으로 여타 피조물과 전적으로 차원이 다른 분이시기 때문에, 통상적인 경우처럼 우리 지식 활동의 단순한 객체가 될 수 없습니다. 성경은 욥기에 등장하는 소발의 입을 통해 "네가 하나님의 오묘를 어찌 능히 측량하며 전능자를 어찌 능히 온전히 알겠느냐"(욥 11:7)고 설의법적으로 물어서 결국 우리는 하나님을 절대로 온전히 알 수 없다는 진리를 발언하게 하였고, 예언자 이사야를 통해 던진 물음, "그런즉 너희가 하나님을 누구와 같다 하겠으며 무슨 형상을 그에게 비기겠느냐"(사 40:18)에 대해 어떤 답변도 불가능함을 당연시하고 있습니다. 종교개혁자 루터는 '숨어계신 하나님'(Deus absconditus)을 거듭 언급하면서 인간이 이성의 힘으로 하나님에 대한 지식을 얻을 가능성에 대해 분명히 선을 그으려 했습니다. 그것은 불가능한 일입니다.

신학적 주제에 대한 인식 가능성은 그밖에도 여러 문헌과 진영에서 부정되었는데, 그때마다 거론되는 가장 큰 이유는 인간의 인식 능력, 곧 이성이 갖는 유한성과 제약 때문이었습니다. 이를 주장한 대표적인 사례로 들 수 있는 것이 18세기 독일 철학자 임마누엘 칸트의 『순수이성비판』입니다. 그는 인간에게 허용된 지식의 가능 범위와 한계를 확인하기 위해 '이성 비판', 곧 인간의 지식 능력에 대한 검토를 시도했는데, 그 결과 그가 도달한 지점은 '신학 불가지론'이었습니다. 그러니까 뭔가를 인식할 때 우리는 감각이 제공하는 잡다한 재료들과 우리가 선험적으로 갖고 있는 형식(시간, 공간, 12범주)을 결합시키는데, 이러한 인식과정을 자세히 검토해 보면, 결론적으로 과학이 말하는 이론과 법칙들은 그 정당성과 타당성이 보장되는 반면에, 과학을 초월하는 신학적인 주제들, 예컨대 하나님의 본성이라든지 천국과 지옥 같은 것은 애초부터 우리의 감각 한계를 넘어서기 때문에 우리가 그것에 관해 지식을 얻을 가능성조차도 사라져버린다는 것입니다. 그렇다면 기존의 수많은 신학 이론들과 교리들은 무엇이란 말입니까? 칸트에 따르면 그것들은 이성을 부적절하게 사용한 연구 결과물로서 결코 온전한 의미의 지식 내지 학문이라 할 수 없고, 조금 심하게 말하면 착각과 허위, 오류에 빠진 경우이고, 조금 부드럽게 말하면 이성의 관심을 과도하게 추구한 나머지 주관적 희망 사항에 아무 근거도 없이 매달리며 끝나지 않을 논란 속에서 헤매는 경우라 하겠습니다. 이러한 칸트의 주장은 당대 학계에 큰 충격을 안겨다 주었습니다. 그래서 자연신학이 가능하다고 믿었던 멘델스존은 칸트를 모든 것을 깨부수는 '과격한 파괴자'라 평가했고, 다른 학자들은 칸트가 자연신학에 대해 내린 '사형 선고'가 일리 있다고 인정하면서도, 어떤 다른 방법으로 신학을 재건할 길은 없는지를 다방면으로 모색하게 되었습니다.

계시

그러면 신학, 즉 하나님과 그 분의 세계 섭리에 대한 인식은 원천적으로 불가능한 것일까요? 논의의 출발점으로 다시 돌아가 봅시다. 인간은 본성적으로 지식을 추구하고, 실제로 수많은 영역에서 지식을 획득하고 있으며, 이런 일이 가능할 수 있었던 것은 인간에게 지식획득 능력, 곧 이성이 있기 때문이라 했습니다. 그런데 신학의 경우에는 우리가 알고자 하는 것이 평범한 보통의 대상이 아니라 예외적으로 특별한 존재자, 곧 절대자 하나님이기 때문에 그리 만만치 않은 문제에 봉착할 수밖에 없었습니다. 하나님은 인간의 지적 능력과 세상 만물을 초월한 분이시기에, 루터가 '숨어계신 하나님'이라 일컬은 불가지적 측면이 있음은 결코 부인할 수 없을 것입니다. 우리가 하나님을 완전히 파악할 것을 기대한다는 것은 애초부터 과해 보입니다. 하지만 신학 불가지론이 우리가 바랄 수 있는 전부일까요?

사실은 그리 간단하지 않습니다. 기독교 교회는 신학, 곧 하나님을 아는 지식에 대해 이중적인 태도를 보이기 때문입니다. 한편으로는 하나님께서 인간의 이성으로 파악될 수 없는 분이라고 말하면서도, 다른 한편으로는 하나님이 알려질 수 있고, 더 나아가서 그 분에 대한 지식이 인간 구원에 필수불가결한 조건이라고 말합니다. 예컨대 앞서 언급한 대로 욥기에서 "네가 하나님의 오묘를 어찌 능히 측량하며, 전능자를 어찌 능히 온전히 알겠느냐"라고 하면서 신학적 인식의 가능성을 부정하면서도, 다른 한편으로는 "또 아는 것은 하나님의 아들이 이르러 우리에게 지각을 주사 우리로 참된 자를 알게 하신 것과 또한 우리가 참된 자 곧 그의 아들 예수 그리스도 안에 있는 것이니 그는 하나님이시요 영생이시라"(요일 5:20)는 말씀을 통해 인식의 가능성뿐만 아니라 실제로 우리에게 그런 지식이 있다고 말씀합니다.

성경이 말하는 여호와 하나님은 절대적인 분이요 언제나 영원한 주체로 계시기 때문에, 우리 지식활동의 단순한 객체가 될 수 없다는 사실은 분명합니다. 만일 단순한 객체일 수 있었더라면 하나님은 여타 사물과 다를 바 없는 상대적 존재자로 전락할 것이기 때문입니다. 그런데 이 논리에 따르면 우리는 그 분에 대한 지식, 그러니까 하나님을 대상화하는 것을 혹시 그의 절대적 주체 안에서 비로소 기대할 수 있지 않을까요? 다시 말해서 하나님이 스스로를 보여주셔서 인간 지식의 대상이 되어주신다면 혹시 우리는 그 분을 알 수 있을지도 모릅니다. 여기서 기독교 인식론의 독특한 논리구조를 이해할 수 있게 해줄 열쇠가 발견되는데, 하나님의 '자기 계시'가 바로 그것입니다.

네덜란드의 개혁신학자 카이퍼에 따르면, 신학은 여타의 지식과 구조적으로 다른데, 우리가 보통 학문 연구를 할 때는 인간이 연구 대상 '위'

에 위치해 있어서 능동적으로 그 대상으로부터 지식을 끌어내지만, 신학에 있어서는 대상 위에 서있는 것이 아니라 오히려 그 '밑'에 위치해야 합니다. 달리 말해서 하나님께서 주체적으로 자신을 계시하실 때만 우리는 하나님에 대한 지식을 얻을 수 있으며, 계시가 없다면 어떤 신학적 지식도 얻을 수 없을 것이라는 말입니다. 독일의 현대신학자 바르트 역시도 하나님께서 스스로를 보이시면서 인간에게 다가오실 때에만 우리는 하나님을 알 수 있음을 강조하였습니다. 바르트에 따르면 하나님은 언제나 주체이시며 결코 객체가 아니시기에, 인간으로부터 하나님께로 가는 길은 절대로 불가능하며, 오직 하나님으로부터 인간에게 오는 길만 있을 수 있다고 합니다.

그런데 성경은 하나님께서 자신을 드러내시는 계시가 이중적인 형태로 나타난다고 증거합니다. 하나는 우리를 둘러싸고 있는 세계와 자연 속에서 드러나는 하나님의 섭리와 통치에 대한 '일반계시'이며, 또 다른 하나는 예수 그리스도와 성경을 통해 주어진 '특별계시'입니다. "하늘이 하나님의 영광을 선포하고 궁창이 그의 손으로 하신 일을 나타내는도다"(시 19: 1), "그러나 자기를 증언하지 아니하신 것이 아니니 곧 여러분에게 하늘로부터 비를 내리시며 결실기를 주시는 선한 일을 하사 음식과 기쁨으로 여러분의 마음에 만족하게 하셨느니라"(행 14: 17) 같은 말씀은 하나님의 일반계시를 증거하고 있습니다. 또한 특별계시를 말해주는 성경말씀으로는 다음 구절들을 들 수 있습니다. "여호와께서 각 선지자와 각 선견자를 통하여 이스라엘과 유다에게 지정하여 이르시기를 너희는 돌이켜 너희 악한 길에서 떠나 나의 명령과 율례를 지키되 내가 너희 조상들에게 명령하고 또 내 종 선지자들을 통하여 너희에게 전한 모든 율법대로 행하라"(왕하 17: 13), "그의 행위를 모세에게, 그의 행사를 이스라엘 자손에게 알리셨도다"(시 103: 7), "옛적에 선지자들을 통하여 여러 부분과 여러 모양으로 우리 조상들에게 말씀하신 하나님이 이 모든 날 마지막에는 아들을 통하여 우리에게 말씀하셨으니 이 아들을 만유의 상속자로 세우시고 또 그로 말미암아 모든 세계를 지으셨느니라 "(히 1:1, 2).

일반계시와 특별계시는 각기 '자연계시'와 '초자연계시'로 불리기도 하는데, 만일 계시가 자연을 통해서, 즉 피조세계를 통해 하나님의 섭리를 드러내는 것이라면 그것은 자연계시이고, 만일 이것만을 일방적으로 지나치게 강조한다면 또다시 자연신학의 논조에 동조하는 결과가 되고 말 것입니다. 그런데 성경에서는 하나님께서 직접적으로 주의 사자들에게 말씀하신 것도 있고, 때로는 초자연적인 이적과 기사를 통해 하나님의 뜻을 나타내는 장면도 있는데, 이런 후자의 방식, 그러니까 초자연적인 방식으로 하나님의 뜻이 인간에게 전달될 때 그것은 특별계시 내지 초자연계시라 하겠습니다.

그러니까 간단히 요약하자면 하나님에 대한 우리의 모든 지식은 근본적으로는 하나님께서 자신을 스스로 드러내신 계시 덕분에 가능한 것입니다. 이 점에 있어서는 하등의 흔들림도 용인될 수 없습니다. 그런데 그 계시가 인간의 지적 능력, 곧 이성에 의한 자연 연구에 의해 이해되고 파악될 수 있다면 그것은 자연계시로 간주할 수 있겠고, 만일 그 내용이 인간 이성에 의해 자연적 방식으로 파악될 수 없을 때에는 초자연계시로 보아야 할 것입니다.

신앙

계시는 일차적으로 믿음의 대상입니다. 설혹 그것이 인간 이성으로도 이해가능한 자연계시라 할지라도 말입니다. 계시 내용이 이해되느냐, 이해되지 않느냐는 차후의 문제입니다. 성경은 믿음 내지 신앙을 매우 강조하는데, 이것은 객관적인 어떤 외적 증거에 의존하지 않고도 즉각적, 직접적으로 이루어지는 통찰과 자기설복입니다. 또한 일반적인 믿음, 예컨대 '나는 외계인의 존재를 믿는다', '나는 수 년 내에 남북한이 통일될 것으로 믿는다'는 것과 달리, 기독교 인식론에서 관심을 갖는 신학 방법론으로서의 믿음은 다음과 같은 몇 가지 독특성을 갖고 있습니다.

(1) 성경에서 말하는 믿음은 '명제적 믿음'이 아니라, 하나님과 인간 사이의 종교적 관계를 가리키며, 지적 확신 뿐만 아니라 하나님께 대한 신뢰와 사랑을 아울러 의미합니다.

(2) 사람들이 보통 '믿는다'고 할 때 그 믿음은 감각 가능성이나 논리적 타당성 등 가시적 근거에 입각하여 이성을 설득하는 자기 확신인 반면에, 성경에서 말하는 믿음은 볼 수 없고 관찰할 수 없는, 한 마디로 말해서 자연적 계시보다는 이성적으로 받아들이기 어려운 초자연적 계시를 믿는 것에 더 많은 강조점이 주어져 있습니다.

(3) 통상적 의미의 믿음은 믿는 자의 자기 설복을 통한 주관적 확실성을 뜻하는데 반해, 성경이 말하는 믿음은 타인의 통찰과 증거에 의존합니다. 예컨대 우리는 예언자와 사도들의 증거를 통해 예수 그리스도 안

에 나타난 하나님의 은혜를 믿습니다.

특별히 마지막 특징과 관련하여 언급하지 않을 수 없는 것이 '성령의 조명'입니다. 계시는 하나님이 주체가 되어 우리에게 자신을 보여주시는 것이라 했는데, 그러한 계시를 믿는 것조차도 우리가 스스로의 힘으로 할 수 있는 것이 아니라는 것입니다. 성경은 우리 외부에 주어진 하나님의 계시에 대해 말할 뿐만 아니라, 우리 내면을 비추시는 성령의 조명, 곧 신적 은혜를 이야기합니다. "주의 빛 안에서 우리가 빛을 보리이다"(시 36:9)라는 말씀처럼 하나님께서 전적인 주체가 되셔서 자신을 계시하시고, 또 빛을 비추셔서 우리로 하여금 믿게 하지 않으셨다면 우리는 하나님에 대한 어떠한 지식도 갖지 못했을 것입니다.

지식 얻기를 원한다면 먼저 믿으라

아우구스티누스의 입을 빌어 이 글을 맺으려 합니다. 그는 우리가 성경을 하나님의 특별계시로 믿기 위해서는 성령의 내적 은혜가 절대적으로 필요함을 분명히 알고 가르친 최초의 교부였습니다. 이사야 7장 9절 말씀이 아우구스티누스가 사용한 70인역에는 "만일 너희가 믿지 아니하면 이해하지 못하리라"고 번역되어 있는데, 여기서 그는 기독교 인식론의 근본 구조를 발견했습니다. 곧 '신앙이 지식에 앞선다'는 것입니다. 이성만 가지고서는 설혹 이성의 한계 안에 있는 것은 알 수 있을지 몰라도, 이성을 넘어서는 초자연적 신적 영역에 대한 지식에는 도달할 수 없습니다. 이성을 한계를 넘어서 있는 것은 신앙을 통하지 않고는 파악 불가능하기에, 아우구스티누스는 다음과 같이 말했습니다. "알기 위해서 나는 (먼저) 믿는다"(credo ut intelligam).

신앙을 통해 하나님을 아는 경지에 도달하려는 것, 그것이 기독교 인식론의 핵심입니다.

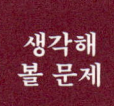

1. 우리는 평소에 어떤 방식으로 지식을 얻을까요?
2. 과학적 지식과 신학적 지식은 어떤 차이가 있을까요?
3. 믿음과 성령의 조명은 어떤 것일까요?

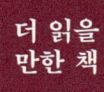

이종성. 『신학서론』. 대한기독교서회, 1993년.

프란시스 쉐퍼. 『이성에서의 도피』. 생명의말씀사, 2006년.

J. P. 모어랜드 & W. L. 크레이그. 『인식론: 기독교 세계관의 철학적 기초』. CLC, 2008년.

기독교
변증론

무신론 시대의
기독교 변증

김 도 훈

기독교
변증론

신 무신론자(New Atheist)들의 등장

요즘 무신론자들이 날뛰고 있습니다. 이들은 무신론을 주장하는 데 그치지 않고 무신론의 주장들을 적극적으로 전파하고 관철시키려 합니다. 기존의 모든 종교들을 비난하고 조롱하고 제거하려는 시도를 적극적으로 행동에 옮깁니다. 때로는 어이없는 행동도 서슴지 않습니다. 몇 가지 간단한 예를 들어 보겠습니다. 그들은 "There's probably no God. Now stop worrying, enjoy your life"라는 광고 문구를 버스에 붙이기도 하고 "하나님이 없다"는 광고판, "태초에 인간이 하나님을 만들었다"(In the Beginning man created God)는, 성경을 패러디한 광고판을 세우기도 합니다. 우리나라에도 잘 알려진 알랭 드 보통은 무신론을 전파하기 위해 종교 시스템을 이용해야 한다고 주장하면서 무신론 교회를 런던에 세우겠다고 호언한 적이 있었습니다. 문화일보 2013년 11월 보도에 따르면 영국에서 처음 무신론자 교회가 개척되어 "미국, 호주 등으로 교세를 맹렬히 확대"해 나가고 있답니다. 영국 코미디언 샌더슨 존스와 피파 에번스가 2013년 1월 런던에서 1호 교회를 세웠고 약 10개월 만에 영국 내에서만 총 15곳, 미국에서는 18곳에 교회가 세워졌고 호주에서도 6곳이나 세워졌다는군요. 2013년 11월 미국 CBS는 그들을 "무신론자 대형교회"(A-theist Mega-churches)로 칭하면서 급속히 성장하고 있는 무신론 교회현상을 보도한 바 있습니다. 지금은 훨씬 더 많아졌겠지요. 무신론 교회라니 참으로 모순적인 표현입니다. 그들은 예배시간에 무얼 하는지 궁금하지 않나요? 예배시간에는 무신론을 설교하고 무신론을 찬양하며 세속적 인본주의 입장에 서 있는 전문가들을 초청하여 무신론 교인들의 믿음을 굳게 하고 교육하며 예배 후에는 자기들끼리 코이노니아도 합니다. 그것이 다가 아닙니다. 이들은 초, 중, 고등학교와 대학들을 세우고 있습니다. 무신론 전사들을 양육하기 위함이죠. 자기 판단이 어려운 아이들에게 절대로 종교적 신념을 주입시켜서는 안 된다고 강변하면서 이들은 과학이론을 빙자하여 종교에 대한 증오와 편견을 어릴 때부터 심고 있습니다. 무신론 현상은 한국도 마찬가지입니다. 수많은 무신론자들, 수많은 무신론 단체들이 반기독교적 행동을 일삼고 있습니다. 기독교에 대한 비난과 조롱은 물론이고, 성경을 금서로 만들자는 서명운동까지 벌이고 있습니다. 하나님을 비난하는 버스광고를 한 적도 있고, 기독교나 교회에 나쁜 이미지를 심어주기 위해 별별 수단을 다 동원하기도 하고, 교회의 선교나 전도나 행사들을 조직적으로 방해하는 일들을 버젓이 하고 있습니다.

 이런 행동하는 무신론자들 뒤에는 무신론 철학자, 무신론 과학자들이 있습니다. 이들은 교묘한 논리로 혹은 진화론에 대한 맹신적 신념에 바탕하여 무신론 책들을 쏟아내고 있습니다. 리처드 도킨스, 대니얼 데닛, 샘 해리스, 크리스토퍼 히친스가 그 대표적인 사람들입니다. 『만들어진 신』, 『주문을 깨다』, 『종교의 종말』, 『신은 위대하지 않다』와 같은 책을 출판하여 무신론의 이론적 근거를 마련해 주고 있습니다. 이들을 옛 무신론자와 구분하여 신무신론자라 부릅니다. 사실상 새로운 것은 아무것도 없지만 말입니다. 이들은 자신의 책을 과학이나 철학 책으로 보이게 하려고 애쓰지만 대부분 종교를 감정적으로 비난하는 글들로 가득 채우고 있습니다. 도킨스의 글을 인용해보겠습니다. 다시 말하지만 그의 책은 이런 감정적 조롱의 문장으로 가득합니다.

> 자살 폭파범도 없고, 911도, 런던 폭탄테러도, 십자군도, 마녀사냥도, 화약음모사건도, 인도 분할도, 이스라엘과 팔레스타인의 전쟁도, 세르비아와 크로아티아와 보스니아에서 벌어진 대량 학살도, 유대인을 '예수살인자'라고 박해하는 것도, 북아일랜드 분쟁도, 명예살인도, 머리에 기름을 바르고 번들거리는 양복을 빼입은 채 텔레비전에 나와 순진한 사람들의 돈을 우려먹는 복음전도사도 없다고 상상해보라. 고대 석상을 폭파하는 탈레반도, 신성 모독자에 대한 공개 처형도, 속살을 살짝 보였다는 죄로 여성에게 채찍질을 가하는 행위도 없다고 상상해보라.

종교가 없다면, 이런 일들과 사건이 없을 테니 인류는 더 나은 세상 속에서 살아갈 것이며, 더 행복한 삶을 누리고 있을 것이라는 의미입니다. 다시 말해 종교는 이렇게 폭력적이니 없어져야 한다는 것입니다. 이 종교, 저 종교, 고대로부터 지금까지의 모든 종교의 잘못을 그저 나열해 놓고 모든 종교는 폭력적이라고 매도합니다. 이렇게 한다면 잘못과 오류가 없는 조직이 어디 있겠습니까. 동서고금의 국가들의 잘못을 열거하면 그 리스트가 달나라까지 가도 모자라겠죠. 그렇다고 국가를 없애버리자고 하는 사람은 없을 것입니다. 과학자들이나 과학의 오류나 사기는 없을까요? 당연히 있습니다. 과학의 폭력과 죄악은 없을까요? 당연히 있습니다. 생각해보세요. 그들이 그렇게 숭상해 마지않는 과학기술이 없다면 무자비한 테러나 911이나 핵무기나 거대한 살육의 전쟁이 일어났겠습니까? 아직도 창칼을 들고 싸움을 하거나 아니면 돌 던지며 싸우고 있겠죠. 무시무시한 핵무기, 지칠 줄 모르고 발전하는 전쟁무기, 엄청난 환경파괴, 체르노빌, 후쿠시마, 인터넷중독, 빅브라더 논란 … 이런 것을 근거로 과학기술의 유익은 눈감은 채 과학자들은 본래 폭력적이니 과학과 과학자들을 없애자고 하는 것이 정당할까요? 도킨스에 의하면 신은 존재하지 않습니다. 오로지 진화만 있을 뿐입니다. 모든 것은 이기적 유전자의 결정일 뿐입니다. 사회현상이나 정신현상조차도 그가 만들어낸, 다른 과학자들은 거의 인정하지 않는 상상의 신(神)인 밈(meme) 때문이죠. 그렇다면 그렇게 종교를 비난할 일이 아니지 않습니까? 모든 것은 유전자나 밈 때문이라고 해놓고 유독 종교만 비난하는 것은 자가당착 아닌가요?

도대체 왜 그들은 과학의 폭력에 대해서는 눈감으면서 유독 종교에 대해서는 한 치의 관용과 이해도 없는 것일까요? 그것은 단순히 과학자의 편에 서있기 때문이 아닙니다. 과학과 신앙이 충돌되기만 해서도 아닙니다. 신앙을 가진, 아니 신앙을 갖지 않더라도 신의 존재를 인정하는 쟁쟁한 과학자들이 얼마나 많은데요. 종교에 대한 증오 뒤에는 종교에서 받은 상처가 작용합니다. 그들은 한결같이 종교나 종교인들에게 받은 상처를 언급합니다. 어느 심리학자의 연구에 의하면 폭력적이거나 무관심한 아버지에 대한 상처가 있는 사람들은 대체로 무신론으로 기운답니다. 그러니 종교가 부정과 증오의 대상일 수밖에 없죠. 거기에다 진화론이나 유물론적 세계관, 무신론적 학문이 더해지면 그들의 생각이 신념으로 바뀌게 되고, 자신들의 신념이 절대적이라는 종교적 확신을 갖게 되고 결국 종교 근본주의자들과 같은 과학 근본주의적 행동으로 나타나게 되죠. 근본주의적인 무신론 종교를 믿고 있는 셈입니다. 위에서 인용한 것과 같은 말도 안 되는 문장들이 그의 책에는 숱합니다. 도킨스의 비판은 성경이나 기독교 교리에도 미칩니다.

《구약성서》의 신은 모든 소설을 통틀어 가장 불쾌한 주인공이라고 할 수 있다. 시기하고 거만한 존재, 좀스럽고 불공평하고 용납을 모르는 지배욕을 지닌 존재. 복수심에 불타고 피에 굶주린 인종 청소자, 여성을 혐오하고 동성애를 증오하고 인종을 차별하고 유아를 살해하고 대량 학살을 자행하고 자식을 죽이고 전염병을 퍼뜨리고 과대망상증에 가학피학성 변태성욕에 변덕스럽고 심술궂은 난폭자로 나온다.

나는 기독교의 핵심 교리인 속죄가 악의적이고 가학피학적이고 혐오스럽다고 말했다. 또 우리는 그것을 개가 짖는 소리로 치부해야 하지만, 그것에 너무 익숙해져서 객관성이 무뎌져 있다.

도대체 어떻게 이렇게 표현할 수 있을까요? 어떻게 이렇게 신학에 대해 무지하고, 이렇게 성경을 왜곡하고, 이렇게 교리를 제멋대로 해석할 수 있을까요? 정말 어이없지만 현실이 그렇습니다. 루이스의 말대로 여섯 살짜리의 기독교를 만들어 놓고 증오심에 불타 과학이라는 이름으로 무차별 공격하고 있습니다. 이들은 학자들이라기보다 반종교 혹은 탈종교 전도사들, 진화를 숭배하는 진화론종교의 교주들과 같습니다. 자기들은 건전하고 이성적인 과학자들이고 신을 믿는 사람들은 모두 망상가로 치부합니다. 참 안타깝습니다. 안쓰럽기까지 합니다. 정말 슬픈 것은 기독교나 신학이나 성경에 놀랄 정도로 무지하다는 점입니다. 아니 모르는 척하거나 알려고 하지 않는다는 점입니다.

　　서론적인 이야기를 비교적 길게 이야기 했습니다. 무신론의 도전이 얼마나 심각한가를 말하고 싶었기 때문입니다. 하지만 아직도 지면 관계상 다 말하지 못한 부분이 더 많습니다. 그러나 이쯤에서 중단하고, 다음 질문으로 넘어가려 합니다. 그것은 "이런 상황 속에서 우리 그리스도인은 무엇을 해야 할까"하는 질문입니다. 답은 간단하고도 쉽습니다. 당연히 복음을 변증하고 그들과 대화할 수 있도록 충분한 대응 논리를 계발하고 궁극적으로는 그들이 복음을 듣고 받아들일 수 있도록 하는 것입니다. 이런 학문적 작업을 변증학이라고 합니다. 이것을 이제부터 좀 더 상세하게 살펴보겠습니다.

변증학의 정의와 필요성

　　우선 기독교변증학이 무엇인지 소개하겠습니다. 크레이그(William Lane Craig)는 변증학을 "기독교가 진리라는 주장에 합리적 근거를 제공하려는 학문"으로, 그로타이스(D. Groothuis)는 "객관적으로 진실되고, 이성적으로 설득력 있으며, 실존적으로나 주관적으로 호소력 있는 기독교 세계관에 대한 이성적인 변론"이라고 정의합니다. 그는 기독교변증에는 두 측면이 있다고 말합니다. 한편으로는 "기독교 진리에 대한 긍정적 논증을 제공"하는 것이고, 다른 한편으로는 "기독교의 진리를 거스르는 주장에 반박하는 것"입니다. 어느 학자는 "기독교의 진리를 이성적으로 증명하려는 학문"으로 정의하기도 합니다. 대략적으로 변증학이 무엇인지 이해했으리라 생각합니다. 그런데 문제는 "이성적", "논리적"이라는 말입니다. 과연 기독교의 진리를 이성적으로 다 방어하고 설명해낼 수 있을까요? 예를 들어 하나님이 존재한다는 것을 이성적으로 혹은 과학적으로 증명해 낼 수 있을까요? 당연히 기독교의 모든 진리를 정확하게 이성으로 증명한다는 것은 불가능하겠지요. 이성과 합리적 추론을 바탕으로 하는 과학으로 밝힐 수 없는 문제들도 많으니까요. 그러나 과학이나 이성이 하나님이나 진리를 알게 하는 문을 열어주는 역할은 충분히 할 수 있다고 봅니다.

　변증학의 역할을 살펴본다면 변증학이 무엇인지 좀 더 확실하게 알 수 있을 것입니다. 크레이그는 변증학 혹은 변증의 역할을 다음과 같이 말했습니다. "전심을 다해 하나님을 사랑하는 우리의 마음의 표현일 뿐만 아니라, 특별히 불신자들에게 기독교 신앙의 진리를 알려주고, 신자들에게는 믿음의 확신을 주며, 다른 진리들과 기독교 교리와의 연결고리를 발견하려는 것이다"라고 말이죠. 이 시대 최고의 복음주의 신학자이면서 변증가 중의 한 사람이라고 할 수 있는 맥그라스 역시 비슷하게 말한 바 있습니다. "변증은 신학교 강의실에서만 쓰이는 기술이 아닙니다. 기독교사역에 관계된 사람이라면 누구나 필수적인 도구입니다. 이것은 보다 효과적인 전도를 위해서뿐만 아니라 교회사역에 자신감을 불어넣어주기 위해서도 중요한 도구입니다. 변증은 보다 효과적인 전도를 할 수 있도록 합니다. 동시에 기존 기독교인도 신앙의 질적 깊이를 더하고, 그들의 헌신 속에 적절한 이해와 확신이 갖춰질 수 있도록 도와줍니다." 더그 파웰도 변증이 다음 세 가지 측면에서 그리스도인들에게 필요하고 또 도움이 된다고 주장합니다. 첫째, "기독교가 이성으로 증명할 수는 없어도 이성과 반대되는 비이성적인 것은 아니라는 사실"을 입증하고, 둘째, "변증은 기독교에 대한 반론에 답변을 제공하고 불필요한 오해를 없애주며", 셋째, "기독교 변증은 기독교를 옹호하는 증거와 논리를 제공할 뿐만 아니라 역사적인 기독교 신앙과 논리적으로 양립할 수 없는 무신론 및 다른 종교들의 약점을 잘 보여 준다는 것"입니다. 이제 변증이 얼마나 중요한지를 조금이나마 느꼈으리라 생각합니다.

저는 종종 교회에서 강의하거나 설교할 때 좀 어렵더라도 의도적으로 변증과 관련된 주제를 선택하기도 합니다. 거기에는 별별 사람들이 다 모여 있습니다. 이런 설교 후에는 반응이 참 궁금합니다. 설교 내용에 대한 일종의 후기가 궁금한 거죠. 그래서 들어보면 대체로 변증의 필요성과 일치하는 반응을 보입니다. 오늘 이 시대 꼭 필요한 이야기라거나 좀 더 믿음의 확신을 가졌다거나 이제 무신론과 논쟁할 용기를 얻었다거나 기독교도 반이성적인 종교가 아니라는 안도감을 가졌다고 하는 것 말입니다. 그럴 때면 변증에 대한 열정이 더욱 더 뜨겁게 마음에서 타오르곤 합니다.

각종 통계를 보면 기독교는 정체되어 있거나 쇠퇴하고 있습니다. 그런데 무신론자들은 급속한 속도로 늘어나고 있습니다. 왜 그럴까요? 무신론을 신봉하는 것이 교양과 지성의 상징으로 인식되는 시대이기 때문입니다. 무신론자들은 사상의 전쟁터에서 승리하기 위하여 지성의 요새인 대학을 장악하고 학문 혹은 과학이라는 이름으로 기독교를 공격하고 있습니다. 이러한 전략은 젊은 세대들에게 잘 먹혀들어가고 있습니다. 우리는 분명히 알아야 합니다. 오늘날 무신론과의 싸움은 종교 대 과학,

과학 대 종교의 싸움이 아닙니다. 만일 종교 대 과학의 싸움이라면, 그리고 과학자가 종교를 갖는 것이 모순이라면, 예수 믿는 과학자, 종교를 가진 과학자, 하나님의 존재를 믿는 과학자가 전혀 없어야 할 것입니다. 그런데 사실은 훌륭한 과학자가 훌륭한 신앙인인 경우가 엄청나게 많습니다. 천재과학자인 뉴턴(J. Newton)은 자신을 과학자가 아닌 신학자로 생각했을 정도니까요. 훌륭한 과학자는 종교를 갖거나 신을 믿는 일을 하지 않는다면 뉴턴이나 종교를 가진 훌륭한 과학자들이 존재하는 사실을 어떻게 설명해야 할까요? 결국 무신론과의 싸움은 과학 대 종교의 싸움이 아니라 신념 대 신념의 싸움이고, 세계관 대 세계관의 싸움일 뿐입니다. 과학을 내세우지만 결국 그 뒤에는 무신론적 세계관, 유물론적 신념이 버티고 있기 때문입니다. 그러므로 이 시대는 기독교 진리를 변증하기 위한 사상적 전사가 필요한 시대입니다.

그런데 오늘날 기독교의 현실은 어떠한가요? 무신론이 얼마나 팽창하고 있는지 관심이 없거나 모르거나 무시하고 있습니다. 무신론과의 전선에서 기독교가 계속 밀려나고 있는데도 말이죠. 인간의 이성을 숭상하던 계몽주의의 득세로 교회가 곤혹을 치렀으면서도 여전히 교회는 이성과 과학을 이용하는 무신론의 도전에 적절히 대처하지 못하고 있습니다. 이성적으로, 논리적으로 기독교의 진리를 설명해보려는 모든 시도를 사탄의 장난으로 여기기도 합니다. 정말 이것이 옳은 태도이고, 신앙이 좋다는 증거일까요? 템플턴 상을 수상했던 찰스 콜슨은 "신앙인들은 지적인 논쟁을 피하며, 지적 변호를 경건치 못한 행동으로 생각하고 종교체험만을 중요시하며 지적인 근거를 가지고 논쟁을 벌이는 것은 우리의 믿음을 약하게 만드는 것으로 오해한다. 그러나 반지성주의가 더 경건한 것은 아니다"라고 한탄했습니다. 기독교가 무엇인지 설명해달라는 불신자들에게 오로지 믿음만을 강요하는 것은 일견 타당성이 있어 보이지만 항상 적합한 방식은 아닙니다. 그들에게는 그들이 이해할 수 있는 방식과 언어로 기독교가 왜 진리인지를 설명해줄 책임이 우리에게 있습니다. 때로는 이성적으로 기독교 진리를 접근하는 것이 더 효과적인 경우도 있습니다. 세기의 유명 무신론 철학자 앤터니 플루(Antony Flew)는 철저히 증거에 따른다는 철학원칙을 가지고 있었습니다. 그는 나중에 유신론자로 회심하였는데 증거를 이성적으로 논리적으로 좇아가다가 신을 발견하게 되었다는 고백을 하게 되었고, 결국 『존재하는 신』(There is a God)이라는 책을 썼습니다. 그 유명한 변증가인 루이스(C. S. Lewis)도 이성적 논증을 통해 신앙에 이르게 되었다고 고백하고 있습니다. 그러므로 이성적 논증도 신을 믿게 하는 하나의 좋은 방법일 수 있습니다. 가끔 설명을 요구하는 불신자들에게 설명은커녕 비난하거나 정죄하는 그리스도인들이 있습니다. 그런 태도는 비그리스도인들이 복음의 길에 들어서는 것을 오히려 막는 행위입니다. 근본주의자들이 늘어나는 만큼 무신론자도 증가한다는 경고를 우리는 결코 잊어서는 안 됩니다.

　변증학을 "세상에 맞서는 방어적이고 적대적인 반발"로만 보면 안 됩니다. 오히려 "기독교 신앙의 보물 상자를 열어젖힐 좋은 기회"로 여겨야 합니다. 그래서 맥그라스는 변증은 소통이라고 말합니다. 저도 이 말에 전적으로 동의합니다. 소통하지 못하면 결코 그들의 마음을 얻을 수도, 그들을 복음으로 이끌 수도 없습니다. 우리는 신앙 밖의 그리스도인들이 알지 못하는 언어들, 우리끼리 통할 수 있는 교회의 언어들을 너무 쉽게 그들에게 사용합니다. 이것은 올바른 변증의 태도가 아닙니다. 따라서 우리는 청중의 언어, 청중의 문화, 청중의 상황, 청중의 지식정도를 이해하고 그에 따라 적절히 기독교의 진리를 전달하는 훈련을 해야 합니다. 변증학은 이런 노력에 많은 도움을 줄 것입니다. 정리하자면 변증학은 첫째, 기독교 세계관과 신앙의 내용을 청중이나 대화상대자의 언어를 사용하여 합리적으로 (믿음이 없다는 전제하에) 설명해주는 역할을 합니다. 둘째, 기독교인(약한 그리스도인)들의 믿음을 견고케 하고 신앙을 확고히 하도록 도와줍니다. 셋째, 무엇보다도 무신론자들이나 회의주의자들이나 비그리스도인들의 물음과 비난과 오해에 적절히 대응할 수 있는 능력을 키워줍니다. 그럼 변증 혹은 변증학이 얼마나 중요한지 어느 정도 이해했으리라 생각하고 다음으로 넘어가 보겠습니다.

변증의 성경적 근거

저는 성경 자체가 최고의 변증서라고 믿습니다. 성경이 성경을 증명하니까요. 그런데 무신론자들이나 회의주의자들은 성경이 고대 근동의 여러 전설이나 신화나 문학의 짜깁기라고 비난합니다. 이것은 성경을 전체적으로 읽지 않고 파편적으로만 보기 때문입니다. 그리고 성경의 의도와 목적을 보지 않고 주변적인 것만 보기 때문입니다. 물론 성경이 반영하고 있는 시대가 장구하고, 저자가 상당히 다양하고, 문화나 배경이 서로 다르지만, 한 가지 분명한 것은 성경이 바벨론 신화, 메소포타미아 전설, 이집트 문학, 헬라 사상을 소개하려 한 책이 결코 아니라는 점입니다. 오히려 이런 사상적 종교적 문화적 세력들과 충돌하면서 참 하나님이 누구인지, 진리가 무엇인지, 인간은 무엇인지, 왜 인간은 타락했고 왜 구원이 필요한지, 인간과 역사와 세계의 운명은 어떻게 되는지를 설명하려 한 책입니다.

좀 더 좁혀서 설명해보겠습니다. 성경의 첫 장, 즉 창세기 1장부터 성경의 변증적 성격이 잘 드러납니다. 창세기 서두의 "태초에 하나님이 천지를 창조하시니라"라는 대 선언은 변증적으로 이해해야 가장 잘 이해할 수 있습니다. 많은 쟁쟁한 구약학자들은 창세기의 창조 이야기가 바벨론 신화에서 영향을 받았다고 말합니다. 과격한 학자들은 바빌론 신화를 베낀 것이라고까지 주장합니다. 이것은 창세기를 잘못 이해한 것입니다. 창세기의 저자는 천지의 창조주가 마르둑(바벨론의 신화에 나타나는 창조의 신)이 아님을 선언하는데 전력을 쏟았습니다. 신들의 싸움으로, 찢겨진 신의 시체조각으로 세상이 만들어진 것이 아니라는 것을 변호하고 있습니다. 이방의 신화의 영향을 받아서가 아니라, 오히려 그들과 싸우면서 창세기 기자의 창조신앙이 고백된 것입니다. 창조신앙은 단순히 이 세상이 어떻게 만들어졌는가를 설명하는 것이 목적이 아닙니다. 고대 근동지방의 다신론 사회에서 오직 여호와 하나님만이 참 신이고 유일한 신임을 변증하기 위한 것이었습니다. 게다가 성경은 하나님의 모습에 변증가적 성품이 있음을 잘 증언하고 있습니다. 하나님은 수많은 이방신들의 유혹 속에 있는 인간들에게 그들이 이해할 수 있는 언어로 하나님만이 참 하나님임을 설명하고 변증하려 했습니다. 인간의 언어뿐만 아니라 인간의 문학과 인간의 과학과 인간의 상식을 사용하면서 말입니다.

변증가로서의 예수님의 모습은 성경에 나타난 예수님의 다양한 모습 중의 하나입니다. 예수를 변증가로 소개한다고 하여 구세주로서의 예수를 결코 부인하는 것이 아님을 밝혀둡니다. 기존의 성서학자들이 소홀히 했던 변증가로서의 예수님의 모습을 복원할 필요가 있음을 말하는 것입니다. 예수 그리스도는 논적들과의 싸움에서 최고의 변증가였습니다. 그래서 그로타이스는 예수님을 "변증가의 모델"로, "변증가이며 또한 철학자"로 묘사하였습니다. 예수님은 다양한 방식을 사용했고, 대화 상대자에 따라 다양하게 대응하였습니다. 사두개인이나 바리새인들에게는 논쟁과 변증의 방식으로, 자신을 따라다니던 믿음 없는 일반 대중들과 예수님의 말씀을 이해하지 못했던 제자들에게는 일상적 언어를 통한 설명과 설득의 방식으로 대응하셨습니다. 그는 하나님 나라를 설명하기 위해 비밀종교와 같은 예식이나 신비하면서도 은밀한 사건에 의존하지 않았습니다. 그는 모든 사람들이 보는 앞에서 기적을 행하였고, 누구나 경험할 수 있는 접촉점인 그물, 겨자씨, 농부, 드라크마, 진주 등의 비유를 사용하여 누구나 이해할 수 있도록 합리적 이성에 호소하였습니다.

변증은 헬라어 아폴로기아(apologia, απολογια)에서 온 말입니다. 원래는 논리적 변론, 법정에서의 변론을 의미하는 단어입니다. 이 아폴로기아라는 단어가 성경에 종종 사용되고 있습니다. 우리말 성경에는 주로 "변명"이라고 번역되어 있죠. 그 원어는 아폴로기아입니다. 바울은 "내가 대답하되 무릇 피고가 원고들 앞에서 고소 사건에 대하여 '변명'할 기회가 있기 전에 내주는 것은 로마사람의 법이 아니라 하였노라"(행 25:16). "내가 처음 '변명'할 때에 나와 함께 한 자가 하나도 없고 다 나를 버렸으나"(딤후 4:16)고 고백합니다. 이것은 평계를 댄다는 의미의 변명이 아니라 법정에서의 공식적 방어를 뜻합니다. 이 단어는 성경에서 해명, 변론, 대답, 적극적 설명, 방어, 변증의 의미로 변환되거나 번역되어 사용되기도 하였습니다. 몇 구절을 인용하겠습니다. "내가 너희 무리를 위하여 이와 같이 생각하는 것이 마땅하니 이는 너희가 내 마음에 있음이며 나의 매임과 복음을 '변명'함과 확정함에 너희가 다 나와 함께 은혜에 참여한 자가 됨이라"(빌 1:7). "이들은 내가 복음을 '변증'하기 위하여 세우심을 받은 줄 알고 사랑으로 하나"(빌 1:16). "부형들아 내가 지금 너희 앞에서 '변명'하는 말을 들으라"(행 22:1). "나를 비판하는 자들에게 '변명'할 것이 이것이니"(고전 9:3). 가장 대표적인 성경구절은 바로 베드로전서 3장 15절입니다. "너희 마음에 그리스도를 주로 삼아 거룩하게 하고 너희 속에 있는 소망에 관한 이유를 묻는 자에게는 '대답'(απολογια, 복음에 대한 합리적/이성적 방어)할 것을 항상 준비하되 온유와 두려움으로 하고"(벧전 3:15).

아폴로기아라는 말을 직접적으로 사용하고 있지는 않으나 변증적 성격에 아주 잘 부합하는 본문이 신약성경에는 여러 곳 등장합니다. 그 중 전형적인 본문 한 곳만 살펴보겠습니다. 그 본문은 변증의 백미인 사도행전 17장 22-31에 나오는 아레오바고 법정에서의 연설입니다. 그로타이스의 말대로, "기독교 설득의 최고 걸작"입니다. 변증의 교과서죠. 길지만 인용해보겠습니다.

> 바울이 아레오바고 가운데 서서 말하되 아덴 사람들아 너희를 보니 범사에 종교심이 많도다 내가 두루 다니며 너희 위하는 것들을 보다가 알지 못하는 신에게라고 새긴 단도 보았으니 그런즉 너희가 알지 못하고 위하는 그것을 내가 너희에게 알게 하리라 우주와 그 가운데 있는 만물을 지으신 하나님께서는 천지의 주재시니 손으로 지은 전에 계시지 아니하시고 또 무엇이 부족한 것처럼 사람의 손으로 섬김을 받으시

는 것이 아니니 이는 만민에게 생명과 호흡과 만물을 친히 주시는 이심이라 인류의 모든 족속을 한 혈통으로 만드사 온 땅에 살게 하시고 그들의 연대를 정하시며 거주의 경계를 한정하셨으니 이는 사람으로 혹 하나님을 더듬어 찾아 발견하게 하려 하심이로되 그는 우리 각 사람에게서 멀리 계시지 아니하도다 우리가 그를 힘입어 살며 기동하며 존재하느니라 너희 시인 중 어떤 사람들의 말과 같이 우리가 그의 소생이라 하니 이와 같이 하나님의 소생이 되었은즉 하나님을 금이나 은이나 돌에다 사람의 기술과 고안으로 새긴 것들과 같이 여길 것이 아니니라 알지 못하던 시대에는 하나님이 간과하셨거니와 이제는 어디든지 사람에게 다 명하사 회개하라 하셨으니 이는 정하신 사람으로 하여금 천하를 공의로 심판할 날을 작정하시고 이에 그를 죽은 자 가운데서 다시 살리신 것으로 모든 사람에게 믿을 만한 증거를 주셨음이니라 하니라(행 17:22-31).

이 말을 한 때는 바울이 헬라 철학자들(에피큐로스 학파와 스토아 학파의 철학자들)과 일전을 치른 후였습니다. 비장한 마음으로 아레오바고에 섰을 것입니다. 참신을 알지 못하는 아테네 사람들이 아주 불쌍해 보였겠지요. 그런데 재미있는 것은 바울이 결코 예수 믿으라고 윽박지르지 않고 차분하게 논리적으로 접근해 들어가고 있다는 점입니다. 그래서 어떤 학자들은 바울이 아테네 사람들에게 논리와 이성으로 접근하다가 실패했다고 말합니다. 하지만 저는 그렇게 보지 않습니다. 변증과 전도에 무슨 성공과 실패가 있겠습니까? 진리라고 확신하는 것을 변호하는 것으로 족한 것이죠. 게다가 이 논쟁을 통해 몇 사람을 얻었지 않습니까? 여기서 우리는 바울의 변증방식 몇 가지를 발견할 수 있습니다. 첫째는 청중의 상황을 잘 파악했다는 것, 둘째, 그들과의 종교적 접촉점을 발견하여 이성적으로 접근했다는 것, 셋째, 피조물에서 출발하여 창조주로 거슬러 올라가는 방식을 사용했다는 것, 넷째, 종교를 비교하는 것으로 끝나지 않고 결국 복음을 소개하고 받아들이도록 하는 것을 목적으로 했다는 것입니다. 이처럼 변증은 성경적 근거를 가지고 있습니다. 예수님이나 바울은 청중이나 대화상대에 따라 변증의 방식을 적절히 사용했고요. 그러므로 변증을 부정적으로 볼 것이 아니라 복음의 문으로 이끌 수 있는 하나의 길이라 생각하고 효과적으로 사용할 필요가 있다고 생각합니다.

변증의 원칙과 방법

크레이그는 변증에 있어서 중요한 원칙으로 논리법칙에 적합성, 경험적 합치성, 그리고 논리적 설득력을 지적한 바 있습니다. 설명하자면, 연역적이든 귀납적이든 논리의 법칙에 어긋나지 않아야 하고, 경험에 부합해야 하며, 말장난이 아닌 설득력 있는 논증이어야 한다는 것입니다. 그로타이스는 기독교 교리를 미리 전제하지 않고 시작하고, 기독교인 아닌 것처럼 무전제에서 시작하며, 무신론자의 질문으로 시작하고, 그 질문에 합리적 논증을 사용하여 대답하며, 과학적, 역사적, 도덕적, 철학적 논리와 증거들을 종합하여 변증할 것을 그 원칙으로 제안하였습니다. 가이슬러와 튜렉도 이와 비슷한 원칙을 제시했습니다. 즉, 설득력 있는 증거와 타당한 논증에 의해 그 진리성이 뒷받침 되어야 하고, 철저한 회의론

(또는 무신론)적 시각에서 출발해야 한다는 것입니다. 이런 원칙을 가진 변증학을 고전적 변증학이라고 부릅니다. 이들은 기독교는 결코 반지성적이어서는 안 되며, 반지성적이지도 않다고 확신합니다. 하지만 모든 변증가들이 이에 동의하는 것은 아닙니다. 무조건 믿음이 전제되어야 한다고 주장하는 변증가들도 있으니 말이죠. 그러나 소통과 대화를 중시한다면, 그리고 그들을 설득하려면, 우선적으로 그들의 질문에서 시작하고, 과학을 포함한 여러 학문적 결과들을 차용하여 합리적으로 설득하려는 시도는 매우 중요하게 보입니다.

변증 방법은 다양합니다. 첫째는 고전적 변증학(classical apologetics)입니다. 피조물에서 시작하여 신 존재 증명으로 나아가는 방법이죠. 달리 말하면 증거와 논증을 통하여 하나님이 존재함(유신론)을 변증하는 방법입니다. 이 방법은 이 세계와 현실에서 출발하고 논리적 경험적 추론을 중시한다는 점에서 전통적인 신 존재 증명과 유사하다고 볼 수 있습니다. 그리고 그 다음 단계로 유신론에서 기독교 유신론으로 나아갑니다. 즉 일차적으로 사람들에게 신이 있다는 것을 먼저 깨닫게 한 다음, 기독교 유신론이 가장 적절하고 좋은 유신론임을, 그래서 결국엔 기독교의 핵심진리들을 수용하게 하는 방법입니다. 이미 느꼈듯이 이 방법은 이성과 증거를 강조합니다. 기독교 세계관은 이성 앞에서도 당당할 수 있다는 것이죠. 이성의 검증을 통과해야 다른 비기독교적 세계관을 극복하고 무신론 앞에서도 청중들을 설득할 수 있다고 생각합니다. 이 방법은 역사가 매우 길다고 볼 수 있습니다. 그 기원이 2세기까지 거슬러 올라갑니다. 그리고 가장 많은 변증가들이 이 방법을 선호했습니다. 그래서 고전적 변증학이라 부릅니다.

둘째는 증거주의 변증학(evidential apol.)입니다. 적절한 역사적 증거 등을 통해 기독교의 진리를 증명할 수 있다고 보는 방법입니다. 이 방법 역시 증거와 논증을 통해 기독교의 진리가 참임을 증명하는 방법입니다. 위에서 말한 고전주의 방법과도 유사하죠. 그런데 고전주의와 다른 것은 고전주의가 이성적 추론을 선호한다면 이 방법은 역사적 증거들을 더 선호합니다. 단순히 말한다면 철학적 증명이나 추론보다 고고학적, 인류학적 증거들을 훨씬 설득력 있는 변증의 도구로 생각한다는 말이죠. 그리고 고전적 변증학이 일반적, 철학적 유신론을 거쳐 기독교 유신론으로 가는 두 단계전략을 사용하는 반면, 증거주의는 일단계 전략을 사용 합니다. 고전적 방법이 두 단계 전략을 사용하는 이유는 바로 기독교의 인격적인 하나님을 바로 수용하는 것보다 그 전 단계를 거치는 것이 더 효과적이라고 보기 때문이죠. 일단 유신론을 인정하면, 그 다음 단계인 기독교 진리나 기독교 유신론을 받아들이는 것이 훨씬 더 쉬워진다고 보기 때문이죠. 그런데 증거주의는 첫째 단계를 생략하고 바로 기독교 진리를 역사학이나 과학이나 인류학이나 고고학을 통해 검증하여 그 증거를 찾아내려는 방법입니다. 그러니까 한 단계 전략이죠. 예를 들어 성경의 여리고나 다윗시대의 유물이 고고학적 검증을 통해 증명되었고, 성경의 여러 사건들이 실제 일반 역사의 사건들을 반영하고 있으며, 검증된 성경 고대 사본들이 수없이 존재하므로, 성경은 사실을 기록한 책이며 따라서 전적으로 신뢰할 수 있는 책이라고 변증하는 것이죠.

셋째는 누적증거 변증학(cumulative case apol.)입니다. 이 방법은 여러 다양한 증거들을 종합적으로 제시하면서 증명해가는 방법입니다. 이 방법이 설득력을 가지려면 많은 증거들을 수집하는 것이 관건이죠. 마치 죄인을 만들기 위해 검사들이 수많은 정황 증거들을 들이대는 것이나, 변호사들이 무죄를 주장하기 위해 많은 정황증거들을 쌓아놓는 것과 유사합니다. 도움이 될지 모르지만 예를 들어 보겠습니다. 마당이 물에 젖어 있다고 할 때, 비가 왔기 때문이라고 다짜고짜로 주장할 수는 없습니다. 누가 물을 길어다 뿌렸을 수도 있고, 마당을 지나는 수도관이 터졌을 수도 있죠. 비 때문에 마당이 젖었다는 것을 증명하려면 비가 왔을 것이라는 많은 정황 증거를 가져와야 합니다. 마당만이 아니라, 지붕도 젖어 있고, 길도 젖어 있고, 나무도 젖어 있고, 강물도 불어 있고, 말랐던 논에도 물이 고여 있다면 그것은 비가 왔다는 증거이고, 따라서 마당이 젖은 것은 비 때문이라고 결론 내릴 수가 있겠죠. 지붕만 젖어 있다든지, 나무만 젖어 있다면 비가 왔다는 증거가 되기에는 무리가 많을 것입니다. 이처럼 많은 증거들을 수집하여 증명하는 방법을 누적 증거 방법이라고 합니다.

이것을 예수님의 부활에 적용시켜볼까요? 예수님의 부활 사건도 여러 방법이나 증거들을 한꺼번에 제시한다면 훨씬 더 설득력이 있는 주장이 됩니다. 예수님의 죽음, 빈 무덤, 최초의 여인들의 증언, 제자들의 삶의 혁명적 변화, 교회에 적대적이었던 바울의 회심, 제자들의 순교 등의 사건을 동시에 설명할 수 있는 길은 예수님의 부활뿐이죠. 부활이 아니고서는 이 모든 사건을 합리적으로 설명할 방법이 없을 것입니다. 바울의 회심이나 제자들의 순교 등과 같은 사건이 각각일 경우 예수의 부활을 증명하기에는 부족합니다. 바울이 회심한 이유가 부활한 예수님을 만나서가 아니라 다른데 있다고 주장할 수도 있습니다. 제자들의 순교 하나만 가지고는 예수님의 부활을 증명하는 사건으로 보기가 어렵죠. 빈 무덤도 마찬가지고요. 그러나 위에 언급한 모든 사건을 동시에 제시한다면, 이 모든 동시적 사건을 설명할 수 있는 가장 적절한 설명은 예수님의 부활밖에 없죠. 예수님이 죽어서 분명히 아리마대 요셉의 무덤에 묻었는데 무덤은 비어 있고, 두려워하던 제자들은 갑자기 용기백배하여 예수님이 살아났다고 외쳐대고, 아무 증거능력으로 인정받지 못하던 미천한 여인들이 예수님이 무덤에 없다고 증언하고 있고, 교회에 적대적이었으며 사람들을 죽이러 다니던 바울이 하루아침에 예수님이 살았다고 증거하고, 예수님이 살아났다는 신앙 때문에 제자들이 목숨까지 바치고 … 동시에 일어난 이 모든 현상을 무엇으로 설명할 수 있겠습니까? 부활을 경험하지 않고서야 어찌 그런 혁명적 변화가 일어나겠습니까? 거짓으로 지어내서, 목격하지 않고, 시신을 훔쳐다 놓고 부활을 말한다는 것이 그들에게 아무런, 정말 아무런 유익이 없는데 무엇 때문에 그런 말을 하며, 무엇 때문에 목숨까지 바치겠습니까? 가능한 일인가요? 그러나 솔직히 말해서 부활을 합리적으로 설명한다는 것은 쉽지 않죠. 오늘날에는 결코 일어나지 않는 기적적인 사건이기 때문입니다. 그러나 여기서 하나하나 따져볼 필요가 있습니다. 우선 앞에서 언급한 사건에서 출발해보겠습니다. 그 사건들은 하나하나가 다 역사적 사실들입니다. 예수의 죽음도, 제자들의 변화도, 바울의 회심도, 제자들의 순교도 다 역사적인 사실입니다. 믿던 믿지 않던, 대부분의 학자들이 역사적 사건으로 다 인정하는 것들입니다. 빈 무덤 역시 역사적 사실로 보아야 가장 합리적입니다. 무덤이 비지 않았다면 예수의 시체가 거기 있을 것이고 금방 확인할 수 있으니 예수가 부활했다고 주장하지 못했을 것이니 말입니다. 무덤이 비어 있었던 것은 분명합니다. 그러면 빈 무덤은 무엇으로 설명이 가능할까요? 왜 비어있었을까요? 무신론자들이나 반기독교적인 사람들은 부활을 인정할 수 없으니 여러 다른 설들을 제시합니다. 시신절취설, 기절설, 무덤 착오설, 환각설, 날조설 등이 그것이죠. 그러나 어떤 이론도 냉철한 비판에 견디지 못합니다. 시체를 훔쳤거나 무덤을 착각하거나 꾸며낸 이야기로 제자들이 목숨 바쳐야 할 이유는 전혀 없거든요. 부활이 아니고서는 제자들의 순교를 달리 설명할 도리가 없습니다. 다 설명할 수 없지만 당시의 모든 상황을 고려해볼 때 빈 무덤은 부활로 설명할 수밖에 없습니다. 물론 이성적 설명 없이도 믿을 수 있다면 그야말로 금상첨화지만 말입니다.

넷째, 전제주의 변증학(presuppositional apol.) 방법론입니다. 이 방법은 기독교의 진리를 전제하고 시작하는 방법입니다. 모든 것은 성경의 권위나 성경의 하나님을 전제할 때만 의미 있다고 주장합니다. 달리 말하자면, 기독교를 전제하지 않으면 이 세계를 이해할 수 없고 따라서 설명할 수도 없다고 주장하는 방법입니다. 이렇게 생각한다면 과연 예수님을 믿지 않는 사람들과 과연 소통할 수 있을까라는 의문이 들지만 이 방법이 옳다고 생각하는 사람들이 꽤 있습니다. 그들은 이성을 부정하진 않지만, 하나님 증명을 이성으로 시작하는 논리적 방식을 좋아하지 않습니다. 이성만으로는 결코 기독교 진리를 입증할 수 없다고 봅니다. 성경에 있는 대로 인간의 이성은 현재 죄의 영향 아래 놓여 있어서 하나님을 이해할 수 없다고 보기 때문이죠. 하나님을 부인하는 것은 증거가 없어서가 아니라 이미 마음이 완악해졌기 때문이라는 것입니다. 그렇다면 변증은 아예 불가능한 것일까요? 그렇지는 않습니다. 이 방법을 따르는 사람들은 우선 믿음으로 그리스도를 받아들이고 기독교의 진리를 수용하고 전제한다면 합리적 변증이 가능하다고 생각합니다. 그들에게 있어서 변증은 이성적 과학적 증명으로 하나님 증명을 시작하는 것이 아니라, 먼저 하나님을 전제하고 그 하나님 신앙이 합리적임을 증명해가는 것입니다. 순서를 따지자면, 논리와 증거에서 하나님으로(고전적 변증)가 아니라 하나님에서 증거로 가는 방식입니다. 프레임(John M. Frame)은 전제주의적 변증에는 세 가지 요소가 있다고 합니다. 신앙을 합리적으로 설명하는 입증(proof), 비판에 대한 대답으로서의 방어(defense), 비기독교적 사상을 비판하는 공격(offense)이 그것입니다. 프레임에게 있어서 "변증의 목표는 신앙을 불러일으키거나 강화하는 것이지 단순히 지적인 설득에 그치는 것이 아닙니다. 변증이 불신자를 향해서는 일종의 전도이고, 신자들에게는 신앙의 훈련입니다."

지금까지 변증 방법을 간단히 소개했습니다. 이외에도 여러 방법들이 있습니다. 기독교의 진리나 하나님의 존재는 무조건 믿어야 알 수 있으며 이성적 논증은 필요 없으며 또 불가능하다는 신앙주의(fideism), 이성적, 합리적 논증이 아닌 경험 혹은 체험(신적 존재와의 만남의 경험)으로 하나님을 인식할 수 있다는 경험주의(experientialism), 인간에게는 신을 감각할 수 있는 본래적 능력이 하나님에 의해 주어져 있어서 반드시 이성적 증거나 논증이 없어도 하나님을 믿는 것이 합리적일 수 있다고 주장하는, 전제주의와 유사한 개혁주의적-인식론적 방법 등이 그것입니다. 여기서 잠깐, 이성적 논증이 없이도 믿을 수 있다는 말을 설명하고 가야 할 것 같습니다. 인간은 이성적으로 증명되어야만 믿는 것은 아닙니다. 믿는 방식이나 원인은 매우 다양합니다. 예를 들어 나무가 푸르다고 믿는 것, 비난을 받았으니 기분이 나빴을 것이라고 믿는 것, 아침식사를 했다고 말할 때 이성적으로 증명해보라고 말하지 않고 그냥 믿어주는 것,

1+1=2라고 믿는 것, 빨간색을 보면서 노랑이라고 말하지 않고 빨간색이라고 믿는 것, 히틀러는 나쁜 사람이라고 믿는 것, 가을 밤 하늘의 별들이 아름답다고 믿는 것 등은 반드시 논리적, 이성적으로 설명되어야 믿는 것은 아닙니다. 감각적 경험, 수학공식, 공감할 수 있는 기분이나 기억, 도덕적 판단, 그리고 미적 판단 때문에 믿는 것이죠. 하나님 신앙도 이와 같을 수 있습니다. 반드시 이성적 논증으로만 믿을 수 있는 것은 아니며 다양한 방식으로 하나님을 인식할 수 있고 믿을 수 있겠죠. 다시 말하면 하나님을 믿는 것이 증거나 논증이 없어도 합리적이 될 수 있다는 것입니다. 앤터니 플루처럼 이성적 논리적 증거를 따라가다 보니 신의 존재를 인정하지 않을 수 없다는 사람들도 있습니다만, 죽음의 허무 앞에서 신의 존재를 받아들인 사람도 있고, 기적을 보고 믿는 경우도 있고, 심지어 죽었다 깨어난 사람들의 사후세계에 대한 증언 때문에 놀라 신앙을 가진 이도 있고, 자연경관의 황홀함에 감탄하여 신의 존재를 인정한 경우도 있습니다. 이처럼 믿음은 논리적 증거 없이도 다양한 통로를 통해 올 수 있습니다. 그러므로 이성적 과학증거만 믿을 수 있고 다른 것들은 믿을 수 없다고 말하는 것은 합리적 판단이 아닙니다.

지금까지 변증에는 여러 방법들이 있음을 보았습니다. 그 방법들 사이에는 차이점들이 많이 있습니다. 그리고 한 방법, 한 부류에 속하는 학자들 사이에도 의견이 완전히 일치하지는 않습니다. 강조점에 따라 그 안에서도 약간의 차이점들이 존재합니다. 그리고 각각의 방법들은 나름대로의 장단점, 강약점들을 가지고 있습니다. 저는 개인적으로 이 모든 방법들이 서로 대립하고 비난할 것이 아니라 기독교 진리를 변증하고, 모든 사람들을 하나님 나라로 인도하려는 사명을 가지고 서로 존중하는 자세가 필요하다고 봅니다. 한 방법으로 모든 상황에 대처할 수 있는 것은 아니기 때문입니다. 대화의 상대가 유신론자냐 무신론자냐에 따라, 기독교 진리를 알고 싶어 하는 자인지 무조건적으로 비판하고 조롱하는 자인지에 따라, 철학적·과학적 상식을 가졌는지 아닌지에 따라, 실존적 고민을 하고 있는지 아닌지에 따라, 상대의 관심사가 무엇이냐에 따라 다 달라질 수 있겠죠. 때로는 이 방법이, 때로는 저 방법이, 이 문제에는 이 방법이, 저 문제에는 저 방법이 더 효과적일 수 있습니다. 서로 조금만 열린 마음을 가진다면 서로 인정하고 대화할 수 있는 길은 얼마든지 있다고 봅니다. 기억해야 할 것은 첫째, 각 방법론은 물론이고 변증 자체에도 분명히 한계와 장애물이 있다는 것, 둘째, 하나님이나 신앙을 논리적으로 변증한다는 것이 쉽지 않다는 것, 셋째, 논증이나 증명이 끝없는 논쟁이나 싸움으로 끝나서는 안 된다는 것, 넷째, 증명에 실패했다고 하나님이 존재하지 않고, 증명에 성공했다고 해서 하나님이 존재하는 것은 아니라는 것, 다섯째, 증명에 성공했다고 해도 무신론자들이 반드시 기독교 신앙을 받아들이는 것은 아니라는 것(하나님이 증명된다면 오히려 그 하나님은 믿을 수 없을 것이라고 니체는 말한 바 있습니다), 여섯째, 하나님은 증명의 여부와 상관없이 분명 살아계시며 존재한다는 것입니다. 그래서 베드로가 "너희 속에 있는 소망에 관한 이유를 묻는 자에게는 '대답'할 것을 항상 예비하되 온유와 두려움으로" 하라고 경고했는지도 모릅니다.

변증의 몇 가지 구체적 접촉점

무신론자들이나 불신자들과 대화하고 기독교 진리를 설명하고자 할 때 효과적인 접촉점을 찾는 것이 참 중요합니다. 마치 바울이 신을 숭상하는 아테네 사람들의 종교성을 접촉점으로 삼았듯이 말입니다. 접촉점에는 여러 가지가 있을 것입니다. 개인에 따라 다를 수가 있고요. 한경직 목사님은 과학적 상식, 과학의 오류와 과오, 인생의 공허함, 죽음의 문제, 인간의 양심과 도덕, 우주의 질서와 조화 등을 효과적인 접촉점이라고 지적하였습니다. 맥그라스는 채워지지 않는 욕구, 인간의 합리성, 우주의 질서, 윤리, 실존적 불안과 소외감, 유한성과 죽음에 대한 의식을 접촉점으로 삼아 변증하였습니다. 다 설명할 수 없으므로 몇 가지만 간단하게 언급하겠습니다.

첫째, 인생의 욕구와 공허함입니다. 인간은 누구나 욕구와 갈증이 있습니다. 그러나 쉽게 채워지기는 어렵습니다. 어느 연예인은 돈으로도, 명예로도, 봉사로도 만족감을 느낄 수 없어 다른 무언가, 궁극적인 무언가를 찾는다고 고백한 적이 있었습니다. 그는 지금까지 자신의 삶은 명예와 부와 자선의 삶이었지만 그것이 전부가 아니며, 자신의 삶의 허무와 공백을 채워줄 그 어떤 존재를 찾고 있다고, 그래야만 자신의 삶이 의미가 있을 것이라고 고백하여 모두를 놀라게 했습니다. 그래서 그는 죽음에 벌벌 떠는 자신을 보며 자신의 삶에 의미를 부여해 줄 그 어떤 존재를 찾고 있음을 〈halftime〉이라는 곡에 절절히 담았습니다. 광대한 그 분의 현존을 전보다 조금씩 더 느껴가지만 그래도 좀 더 확실히 존재의 근거를 찾으려는 애절함이 돋보이는 노래입니다. 지금까지 사회비판적 가요는 많았습니다. 그러나 유명 대중가요 가수가 이렇게 영성적 갈증을 노래한 가요는 없었죠. 이렇게 본다면 인간에는 삶의 의미의 토대가 되는 신을 추구하는 영적갈증이 본래부터 심겨져 있나 봅니다. 내면을 들여다 보지 않아서 보이지 않을 뿐이죠. 이런 상황 속의 인간에게 변증은 하나님으로 인도할 수 있는 매우 중요한 수단이 됩니다. 인간의 실존적 공허함과 불안은 "과연 인간이 하나님 없이 살 수 있을까" 하는 물음을 던지게 하는 중요한 기회입니다.

둘째, 죽음 앞에선 인간의 고뇌도 중요한 접촉점이 될 수 있습니다. 앞의 질문을 다시 한 번 생각해보겠습니다. "인간은 하나님 없이 살 수 있을까요?" 살 수 없습니다. 일견 하나님 없이 행복하게 사는 것 같아도 결국 죽음의 순간 앞에서는 자신의 삶의 허무성을 절감하기 때문입니다. "헛되고 헛되며 헛되고 헛되니 모든 것이 헛되도다." 이것은 전도서 기자의 고백만이 아닙니다. 하나님 없는 모든 인간들의 절규입니다. 심리학자인 프로이트의 예를 소개하고자 합니다. 그는 모든 것을 얻었던 사람입니다. 심리학의 새로운 이론을 발표함으로써 엄청나게 영향력있는 유명인물이 되었습니다. 그러나 그는 종교를 무시하며 조롱했습니다. 종교는 마치 유아적 환상과 같다고 했습니다. 그리고 하나님을 부인했습니다. 그는 무신론자였죠. 그러나 (그래서) 그의 인생은 결코 행복하지 않았습니다. 그는 상상할 수 없는 상실감, 적대감, 거부감의 고통을 당하면서, 그에 대한 적개심으로 분노하며 살았습니다. 말년에는 구강암으로 고통을 겪다가 인생을 마감했습니다. 암으로 인한 고통의 순간에도 그는 희망이 없었고, 죽음의 순간에도 그는 희망이 없었습니다. 다만 체념할 뿐이었습니다. 왜일까요? 그에게는 진정한 희망과 위로를 채워줄 절대자가 없었기 때문입니다. 그는 이렇게 말했습니다. "신을 믿지 않는 운명론자로서 나는 죽음의 공포 앞에서 체념할 수밖에 없네." 결국 마지막에 이렇게 고백하고 말았습니다. "냉혹하고 사랑이 없으며 이해하기 어려운 힘들이 인간의 운명을 결정한다"고 말이죠. 그는 의욕을 상실한 채로 살았습니다. "언제 내 차례가 될지 …" 하다가 생을 마감한 사람이었습니다. 이 때도 변증은 중요한 역할을 할 수 있습니다. 죽음 앞에선 인간의 불안을 접촉점으로 하여 변증은 희망의 종말, 희망의 하나님을 소개해 줄 수 있을 것입니다.

셋째, 과학적 발견이 또 하나의 좋은 접촉점이 될 수 있습니다. 무신론의 거두였다가 유신론으로 회심하여 무신론자들에게 충격을 안겨주었던 철학자가 있습니다. 앤터니 플루(A. Flew)라는 사람입니다. 그는 전설적 영국 철학자이며 무신론자였습니다. 수 십 년 동안 불신자들의 우상이었으며, 가장 영향력 있는 철학적 무신론자였으며, 20세기의 가장 명성 있는 무신론자였습니다. 그는 인간의 이성을 절대시하고 과학을 숭상했습니다. 그러던 그가 어느날 편견을 내려놓고 과학적 증거를 찬찬히 따라가다 보니 무신론보다는 유신론이 우주를 설명하는 더 적절한 원리라는 것을 발견하게 되었습니다. 충격이었습니다. 지금까지 자신을 지탱해주던 모든 것이 무너져 내렸습니다. 깊은 고민 끝에 그는 결국 신의 존재를 인정하는 방향으로 전향하였습니다. 그를 유신론으로 전향하게 했던 과학적 발견이 바로 미세조정(fine-tuning)이었습니다. 미세조정은 우주의 기본적인 요소들이 매우 세밀하고 조정되어 있어서 극히 적은 수치만 달라졌어도 오늘날의 우주는 생겨나지 못했을 것이며 또 생명이 살아가기 어려웠을 것이라는 과학이론입니다. 사실 정교하게 조정된 우주와 생명 현상을 보면 신기할 따름입니다. 예를 들어 빛의 속도, 핵력, 우주 안에 있는 물질의 양, 전자의 질량, 전자기력의 힘, 산소의 수준, 대기의 투명도, 중력, 이산화탄소 농도 등이 그런 요소들입니다. 지금보다 조금만 많거나 적어도 우주나 우리 인간은 존재하지 못했을 것입니다. 이외에도 우주나 지구에는 이런 요소들이 많습니다. 그래서 많은 사람들은 놀랐습니다. 이렇게 설계한 신적 존재가 있을 것이라는 사람들이 늘어나기 시작했습니다. 그래서 물리학자 폴 데이비스는 하나님을 "우주의 정교한 조율자"라고 불렀죠. 세계적 석학인 물리학자 미치오 카쿠 박사는 "이 세계는 훨씬 복잡하고 생각할 수 없는 방식으로 지적설계자에 의해 창조된 규칙에 따라 만들어졌다. 모든 가능성을 검토해 본 결과, 모든 것을 지배하는 알 수 없는 힘이 존재한다"고 말했습니다. 이런 유명 물리학자들은 많습니다. 아인슈타인이나 하이젠베르크가 신의 존재를 인정했다는 것은 이제 상식에 속합니다. 놀랍지 않습니까? 무신론자들은 우주가 시작되었다는 것에서부터 우주의 정교함과 조화에 무척 당황했습니다. 기독교적으로 해석될 여지가 많았기 때문이죠. 사실 많은 기독교 변증가들은 이 미세조정현상에 쾌재를 불렀죠. 하나님을 증명하는데 매우 요긴하게 쓰일 수 있는 과학적 증거라는 것을 예감했기 때문이죠. 앤터니 플루도 이 미세조정에 무너지고 말았습니다. 그래서 그는 유신론으로 전향하면서 미세조정을 고객에 잘 맞춰진 호텔에 비유하였습니다. 만일 어느 호텔에 들어갔는데 제일 좋아하는 음악이 흐르고, 집에 있는 액자와 동일한 액자가 걸려있고, 제일 좋아하는 향수가 뿌려져 있으며, 미니바에는 제일 좋아하는 음료와 간식거리가 있다면, 그리고 책상위에는 가장 좋아하는 작가의 책이 놓여있고, TV를 켰는데 좋아하는 채널이 켜있다면, 모든 것이 나에게 맞춰져 있다면, 이 모든 것을 우연이라고 할 수 있겠는가라고 반문하면서, 마치 우주가 이처럼 인간이 미리 올 것을 예측이나 한 듯이 미세한 부분까지 조정되어 있기 때문에 이 우주는 우연이 아니라 누군가가 그렇게 설계해놓았을 것이라고 플루는 결론을 내렸습니다. 그 외에도 어마어마한 정보를 담고 있는 DNA, 진화론과 충돌하는 과학적 발견들, 임사체험에 대한 의학적 연구들 … 등도 변증의 좋은 매개가 될 수 있을 것입니다.

그리스도인의 변증적 과제

무신론적 상황에서 우리는 무엇을 해야 할까요? 첫째, 기독교적 정체성을 분명히 해야 합니다. 복음으로 무장하고 기독교 진리에 대한 확신을 가져야 합니다. 둘째, 기독교는 결코 이성을 적대시하는 종교가 아님을 알아야 합니다. 무조건 믿으라고 말한다면 무신론 이론에 정통한 자들에 대응할 수 없습니다. 믿음이 맹신으로 가서는 안 됩니다. 믿음을 강조하는 것이 무식해도 된다는 말은 아닙니다. 셋째, 그러므로 학문적으로, 논리적으로 무장되어야 합니다. 그리스도인들도 많은 공부와 학문적 준비가 필요합니다. 그래서 효과적인 접촉점을 발견해야 합니다. 사도바울이 유대인에게는 유대인 방식으로 그리스사람에게는 그리스 철학을 이용해서, 로마인들에게는 로마법을 사용해서. 또 그리스도인들에게는 그들에 맞는 방식으로 복음을 변증했듯이 말입니다. 넷째, 무장하되 그들이 기독교를 비난하며 자주 들먹이는 주제들에 대한 집중적인 연구가 필요합니다. 하나님 존재 유무, 악과 고난의 문제, 기적의 문제, 성경의 권위, 기독교의 절대성과 배타성 등이 그런 주제들입니다. 다섯째, 그렇다고 해서 이성에만 머물러서는 안 됩니다. 진리는 이성으로 다 설명할 수 없기 때문이죠. 결국에는 그리스도를 설명하고 받아들여 구원에 이르도록 해야 합니다. 이것이 변증의 최종목표이니까요. 여섯째, 삶으로 하나님을 보여 줄 수 있어야 합니다. 그리스도인들이나 교회에 상처 받아 무신론자가 되는 경우가 많기 때문입니다. 마지막으로 베드로전서 3장 15절을 다시 한 번 인용하고 마치겠습니다.

> "너희 마음에 그리스도를 주로 삼아 거룩하게 하고 너희 속에 있는 소망에 관한 이유를 묻는 자에게는 대답할 것을 항상 예비하되 온유와 두려움으로 하고"

생각해 볼 문제

1. 오늘날 무신론이 확대되고 있는 이유가 무엇인지 생각해봅시다.

2. 오늘날 변증이 필요한 이유와 여러 변증 방법론의 장단점과 강약점은 무엇인가요?

3. 이성적·논리적 하나님 존재 증명이 가능할까요?

4. 기적이나 부활이 과학적으로 불가능하다고 도전해 올 때, 악의 존재가 하나님의 부재를 증명한다고 주장할 때 어떻게 답변할 수 있을까요?

5. 무신론 시대 그리스도인이 해야 할 최우선 과제는 무엇입니까?

더 읽을 만한 책

김용규. 『백만장자의 마지막 질문』. 휴머니스트, 2013.

김도훈. 『길 위의 하나님』. 조이웍스, 2014.

노먼 가이슬러, 프랭크 튜렉. 『진리의 기독교』. 박규태 역. 좋은씨앗, 2009.

더그 파웰. 『기독교변증』. 이용중 옮김. 부흥과개혁사, 2007.

더글라스 그로타이스. 『기독교변증학』. CLC, 2015.

필립 E. 존슨. 『심판대의 다윈: 지적 설계 논증』. 이승엽, 이수현 역. 까치, 2006.

리 스트로벨. 『특종, 믿음 사건』. 두란노, 2011

섭리론

하나님은 어떻게 우리를 다스리며 돌보시는가?

신옥수

섭리론

하나님은 우리를 어떻게 돌보시는가?

하나님은 이 세계를 창조하신 후 무엇을 하고 계실까요? 어떤 사람은 하나님이 세계를 창조하신 후 세계 바깥으로 나가서서 세상일에는 도무지 관심이 없는 분이라고 생각합니다. 그러므로 이 세계 한복판에서 일어나는 모든 일들은 자연법칙에 따라 이루어지는 것이기 때문에 기적이란 불가능하다는 것이지요. 또 어떤 사람들은 이 세계의 모든 일들이 다 하나님의 계획과 의도에 따라 필연적으로 일어나는 사건들이라고 이해하기도 합니다. 그러니까 인간의 선택 이전에 모든 일들이 이미 결정되어 있다는 것입니다. 그래서 이를 운명론 또는 숙명론이라고 합니다. 과연 그럴까요?

섭리(providence)라는 용어는 성서에 나타나지 않습니다. 그러나 섭리의 내용은 성서적입니다. 개인의 삶과 역사와 세계를 하나님이 돌보시며 자신의 목적을 완성하기 위해 인도하신다는 의미입니다. 하나님은 이 세계를 창조하시고 여전히 다스리시며 그 언젠가 완성하실 것입니다. 세계의 주님이신 하나님의 역사는 오늘도 계속됩니다. 우리의 삶은 다 하나님의 손 안에 있습니다. 그러나 섭리는 운명론이나 숙명론, 혹은 결정론이 아닙니다. 오히려 하나님의 주권과 통치에 대한 온전한 기다림이요 기도인 것입니다.

하나님의 섭리는 오직 신앙의 눈으로 파악할 수 있습니다. 아직도 하나님의 뜻은 이 세계 한가운데서 다 드러나지 않았습니다. 여전히 은폐되어 있는 부분들이 많습니다. 그러므로 우리는 모순처럼 보이는 현실 속에서도 희망을 잃지 않고 하나님의 다스리심을 기다려야 합니다. 이런 의미에서 섭리는 하나님에 대한 우리의 신앙고백과 관계됩니다. 삼위일체 하나님에 대한 인격적 신뢰를 표현하는 것이기에, 섭리를 부인하는 것은 곧 하나님을 부인하는 것입니다. 소위 '회고적 섭리'라는 표현 역시 이러한 신앙의 실존이 담겨 있는 것입니다. "우리가 알거니와 하나님을 사랑하는 자 곧 그의 뜻대로 부르심을 입은 자들에게는 모든 것이 협력하여 선을 이루느니라"(롬 8:28)는 신앙고백과 선포는 섭리 신앙을 가장 잘 드러내는 표현입니다. 세계와 우리의 삶의 주님이신 하나님을 신뢰하며 그의 말씀에 순종하는 삶과 희망과 기도의 삶이야말로 섭리 신앙의 참된 모습이라고 할 수 있습니다.

섭리의 내용

그렇다면 하나님은 어떻게 세계를 다스리고 돌보시나요? 성서에서 하나님은 세계를 돌보시는 분으로 묘사됩니다. 전통적으로 하나님은 세계를 세 가지 방식으로 돌보신다고 주장되어 왔습니다.

첫째, 보존 혹은 유지(preservation)입니다. 세계는 하나님의 창조 이후 지속적으로 무(無) 혹은 비존재의 위협에 놓여 있습니다. 하나님은 이 세상을 여전히 긍정하시고 보존하시며 지탱하십니다(시 104:28-28). 이 세상은 죄와 타락에도 불구하고 하나님의 사랑과 은혜의 대상입니다. 이러한 보존에 대해서 '계속적 창조'라는 표현이 사용되기도 합니다. 이는 태초의 창조인 '무로부터의 창조'와 구분되는데, 이미 존재하고 활동하는 피조물의 존재를 유지하는 것으로서 하나님의 지속적인 활동을 묘사하고 있기 때문입니다. 창조 세계를 보존하시는 하나님의 활동은 하나님의 자기 낮춤의 행동(케노시스)이자, 세상을 향한 섬김의 행동이며, 피조물을 향한 자유로운 은혜의 행동입니다. 이는 하나님의 변함없는 신실하심을 드러내줍니다. 그러므로 하나님의 보존으로서의 섭리가 없다면 이 세상은 존재할 수 없기에 우리는 삶의 순간마다 감사하지 않을 수 없습니다.

둘째, 협력 혹은 동반(concurrence)입니다. 하나님은 세계를 초월해 계실 뿐 아니라 그의 사랑의 영을 통해 세계 안에서 활동하며 피조물과 동행하십니다. 즉 하나님은 피조물 안에서, 피조물과 함께, 피조물 위에서 활동하십니다. 그런데 하나님은 세계 안에서 홀로 일하지 않으시고 인간들과 함께 손을 맞잡고 일하십니다. 하나님은 인간의 자유를 억압하지 않으며 제한하지 않습니다. 오히려 우리의 자유를 허락하시며 존중하십니다. 따라서 하나님의 행동과 인간의 행동은 역동적인 관계성을 지니고 있습니다. 전통적으로 인간의 모든 활동은 제1 원인인 하나님으로 말미암아 일어나는 제2 원인으로 간주되었습니다. 그런데 여기서 제2 원인은 단지 기계적인 것이거나 위계질서적인 순서를 의미하는 것이 아닙니다. 하나님의 은혜의 선행성, 주도성(initiative)이 인간의 책임성보다 앞선다는 의미입니다. 즉 하나님의 활동이 인간의 활동보다 앞선다는 뜻입니다. 이에 대해서 "기원에 있어서는 일방적이지만 완성에 있어서는 상호

적이며, 기원에 있어서는 무조건적이지만 완성에 있어서는 협력적"이라는 안토니 후쿠마의 표현에 주목할 필요가 있습니다.

특히 이러한 협력에는 세 가지 차원이 있다고 주장됩니다. 선행(先行, precursus), 동시적 동행(同行, accompanying), 후행(後行, succursus)입니다. 이는 하나님이 피조물과 협력하실 때 그들보다 먼저 앞서가시기도 하시며, 그들과 나란히 동시적으로 동행하시거나, 혹은 그들의 행동을 뒤따르기도 하신다는 뜻입니다. 하나님은 독재자나 전제군주가 아닙니다. 사랑하는 자의 인격적 자유를 존중하시기에, 때로는 그들의 동의를 구하고, 설득하시며, 그들의 응답을 기다리시는 매우 인격적인 분이십니다.

그런데 여기서 인간에 대한 이해가 중요합니다. 인간은 피조성(Creatureliness, dependence)과 인격성(personhood, freedom)을 지닌 존재입니다. 즉 하나님에 의해 지음 받은 피조물로서 의존적 존재이면서 동시에 하나님으로부터 자유를 선물로 받은 인격적 존재라는 이중적 성격을 갖고 있습니다. 선악과가 바로 이것의 표지입니다. 우리는 하나님의 주권성과 인간의 책임성을 함께 강조해야 합니다. 물론 하나님의 선행적인 은총을 강조하지만 인간의 책임성을 무시할 수 없습니다. 그래서 안토니 후쿠마는 하나님의 은총 100%와 인간의 행동과 책임 100%가 합쳐 100%가 된다고 표현한 바 있습니다. 일찍이 아우구스티누스도 이렇게 말했습니다. "하나님 없이 우리는 아무것도 할 수 없다. 우리 없이는 하나님은 아무것도 하려고 하지 않으신다"(Without God, we can't. Without us, God won't). 그런 의미에서 우리는 "하나님이 모든 것을 다 이루신다."는 표현을, 인간은 아무것도 할 필요가 없다거나, 혹은 모든 일에 인간이 아무 책임이 없다는 식으로 이해해서는 안 될 것입니다. 하나님과 손을 맞잡고 일하되, 모든 일을 이루시는 분은 하나님이시라는 믿음을 갖고 최선을 다하며 기다리는 자세야말로 올바른 섭리 신앙이라고 할 수 있습니다.

여기서 하나님의 활동과 인간의 행동은 결코 경쟁적이지 않습니다. 오히려 성령으로 말미암아 일깨워진 '수동적 활동성'(receptive activity)은 인간의 진정한 자유의 모습을 보여줍니다. 즉 하나님이 허락하시는 자유 안에서 인간이 활동하는 것이기에, 최종 영광은 오로지 하나님께 돌려져야 하는 것입니다. "이는 만물이 주에게서 나오고 주로 말미암고 주에게로 돌아감이라 그에게 영광이 세세에 있을지어다 아멘"(롬 11:36).

셋째, 인도 혹은 통치(government)입니다. 이는 모든 피조물을 자신의 목적을 향해 인도하시고 돌보시며 통제하시는 하나님의 활동을 가리킵니다. 창조와 구원 및 종말론적 완성이라는 하나님의 계획에 따라 의도된 통치 아래서 피조물의 행동의 자유와 선택이 이루어집니다. 여기서 하나님의 활동은 피조물의 자유와 모순되지 않습니다. 오히려 하나님은 피조물의 자유로운 활동을 도구로 삼아 마침내 자신의 목적을 이루십니다. 그러므로 피조물의 활동은 모두 하나님의 목적을 위해 섬기게 되며 그 목적을 향해 인도됩니다. 하이델베르크 요리문답은 섭리에 대해서 다음과 같이 정의합니다, 섭리는 "하나님의 전능하며 항존적인 권능이다. 하나님은 이 권능으로 마치 자신의 손으로 하는 것처럼 하늘과 땅과 모든 피조물을 계속 지탱한다. 그리고 그분은 나뭇잎과 풀, 비와 가뭄, 풍년과 흉년, 먹을 것과 마실 것, 건강과 병, 부와 가난, 그 외 모든 것을 우연이 아니라 하나님의 자애로운 아버지 같은 손을 통해 우리에게 일어나는 방식으로 모든 것을 통치한다."[1]

그렇다면 하나님의 통치는 어떤 방식으로 나타날까요? 첫째, 허락(permission)입니다. 하나님은 인간의 자유를 허용하시고 그들의 선택을 존중하십니다. 그리하여 그들의 활동을 방해하지 않고 오히려 이를 통해 자신의 목적을 이루십니다.

둘째, 방해(disturbance)입니다. 하나님은 자신의 목적에 대립되는 피조물의 활동을 방해할 수 있습니다. 하나님의 선한 최종적인 목적에 어긋나는 일들을 허용하지 않고 사건과 상황을 통해 방해하시는 것입니다.

셋째, 방향(direction)입니다. 피조물의 활동 방향을 인도하여 그의 목적에 봉사하게 합니다. 요셉의 경우에서 보듯이, 형제들의 인신매매와 보디발의 아내의 무고에 따른 억울한 감옥살이를 통해서, 비록 우회로를 걸었지만 마침내 이스라엘 민족의 구원을 위한 하나님의 목적을 위해 요셉의 고난이 사용된 것입니다. "당신들은 나를 해하려 하였으나 하나님은 그것을 선으로 바꾸사 오늘과 같이 많은 백성의 생명을 구원하게 하셨나니"(창 50:20). 인간들의 실수와 죄악에도 불구하고 오히려 하나님은 그것들을 자신의 최상의 목적을 위한 도구로 삼아 그 방향을 지속적으로 인도하십니다. 그러므로 개인의 삶과 세계 역사 속에서 악을 선으로 바꾸시고 불의를 넘어 공의가 실현되도록 하시는 하나님의 역사의 방향은 그 최종적인 완성의 시점에서 바라볼 수 있어야 합니다. 이런 의미에서 "모든 고난에는 하나님의 뜻이 있다"는 표현이 적절한 것입니다. 우리 삶의 모든 의미는 종말론적 관점에서 해석될 때 분명하게 드러나기 때문입니다.

---

1) "The Heidelberg Catechism," A. 27, in *The Book of Confessions* (PCUSA) 4.027.

넷째, 결정(determination)입니다. 하나님은 제2원인들이 지나치게 큰 힘을 행사하는 것을 막을 수 있습니다. "여기까지는 와도 좋지만 그 이상은 넘어오지 말아라 너의 도도한 물결은 여기에서 멈춰야 한다"(욥 38:11)는 하나님의 말씀처럼, 하나님은 태초부터 지금까지, 그리고 영원토록 세계와 역사의 주님이시요 우주 만물의 통치자이십니다. 피조물에 불과한 인간들의 교만과 하나님의 자리를 쟁탈하려는 탐욕을 아시는 하나님은 하나님이 통치자이시며 주권자이심을 명백하게 선언하십니다. 우리의 자유로운 행동이 하나님의 주권을 침해하지 않도록 하나님께서는 선을 긋고 넘어오지 못하게 하십니다. 이는 피조물의 한계를 결정할 뿐 아니라, 악이 도달할 수 있는 한계도 설정하신다는 것입니다. 비록 악의 세력이 횡행할지라도 그것은 하나님의 허락과 한계 안에서 이루어지는 것이기에 신자는 두려움 없이 하나님의 선을 기다릴 수 있습니다. 피조물의 한계를 인식하고 더 크신 하나님의 뜻과 능력을 기대하는 삶이야말로 하나님의 통치에 순종하는 바른 자세라 할 수 있습니다.

섭리와 기적

정통주의 신학에서는 섭리의 종류를 다음과 같이 구분해 왔습니다. 첫째, 보편적 섭리는 세계 전체 피조물에 보편적으로 해당하는 하나님의 섭리입니다. 둘째, 특별한 섭리는 하나님의 형상으로 창조되었고 그들을 위해 하나님이 그리스도 안에서 고난 당하신 인간에게 해당하는 하나님의 섭리입니다. 셋째, 가장 특별한 섭리는 신앙의 순종과 사랑과 감사 가운데서 하나님의 인도하심을 통찰할 수 있는 사람들에게 해당하는 하나님의 섭리입니다. 또는 섭리를 다른 방식으로도 구분할 수 있습니다. 자연법칙 안에서 일어나는 섭리와 자연법칙을 넘어서는 하나님의 특별한 행위, 즉 기적을 통하여 일어나는 섭리입니다. 그런데 무엇보다도 가장 특별한 섭리는 예수 그리스도의 구원의 사건, 곧 십자가와 부활 사건입니다. 타락한 인류를 향한 하나님의 무한한 자비와 긍휼로 말미암은 구원의 사건이기 때문입니다.

그렇다면 신자는 기적을 믿을 수 있을까요? 성경은 기적을 부인하지 않습니다. 일반적인 자연법칙을 넘어서는 기적은 신구약성서 도처에 나타납니다. 출애굽의 기적, 사사들과 예언자들에 의해 행해진 수많은 이적과 기사들을 비롯하여 예수님의 지상 사역(오병이어, 물위를 걸으신 일, 각종 장애인과 병자 치유, 죽은 자를 살리신 일)과 12제자들과 초기교회 사도들의 기적들은 기독교가 기적의 종교임을 입증합니다. 그렇지만 하나님은 초자연적인 하나님의 특별섭리인 기적을 임의적으로 행하시지는 않습니다. 하나님은 창조의 주님이면서 동시에 섭리의 주님이시고, 자신이 창조한 우주의 질서와 자연법칙을 존중하는 분이십니다. 그러므로 우리가 너무 지나치게 특별섭리를 기대해서는 안 됩니다. 그것은 어떤 의미에서 하나님을 함부로 시험하는 것이기 때문입니다. 하나님은 자연법칙과 합리적인 것을 중시하십니다. "콩 심은 데 콩 나고 팥 심은 데 팥 나는" 인과법칙과 봄, 여름, 가을, 겨울의 자연의 순환법칙 등은 하나님의 창조질서와 마찬가지로 섭리에 포함되어 있는 것입니다.

그런데 특별한 하나님의 개입이 있습니다. 바로 십자가와 부활입니다. 가장 특별한 하나님의 섭리입니다. 우리의 반역에도 불구하고 긍휼을 베푸시는 하나님의 최고 행위는 예수 그리스도의 성육신과 십자가와 부활의 사건입니다(엡 3:4-5; 벧전 1:3; 롬 15:8-10; 딛 3:5). 죄악의 강에 빠져 허덕이는 죄인들을 불쌍히 여기시어 친히 그 강물 속으로 뛰어 드신 하나님의 동정과 연민(헤세드, compassion)이야말로 인류에게는 기적이요, 가장 특별한 섭리라고 할 수 있습니다. 이렇게 기적은 하나님께서 불쌍히 여기는 마음으로 행하신 것입니다. 지상에서의 예수님의 기적들은 한결같이 사람들을 불쌍히 여기실 때 일어났습니다. 그러므로 우리도 하나님의 불쌍히 여기는 마음을 지니도록 노력해야 합니다. 온 인류를 향한 그리스도의 긍휼의 마음을 닮아가는 것이 섭리 신앙입니다.

섭리와 기도

기도는 섭리 이해의 중심입니다. 특히 협력으로서의 섭리 이해에 있어서 하나님의 동역자(파트너)로서의 인간의 기도는 필수적입니다. 삼위일체 하나님과 인격적 관계를 맺고 사랑의 사귐을 이루는 기도는 우리의 삶과 세계와 역사의 주님을 신뢰하며 이해하고 섬기는 삶의 방식입니다. 그런 의미에서 기도는 섭리 신앙의 기초이며, 새 하늘과 새 땅에 이르기까지 이 땅에서의 하나님의 자녀들의 삶의 토대인 것입니다.

그렇다면 기도를 통해 우리는 어떻게 하나님의 섭리를 이해하고 신앙할 수 있을까요? 첫째, 기도는 하나님의 뜻과 인간의 뜻이 함께 만나고 하나님의 주권 및 돌보심과 인간의 책임성이 함께 어우러져 이루어지는 역동적인 사건입니다(롬 8:28). 바르트는 말하기를 "하나님은 우리의 기도에 앞서가시기도 하지만 우리의 기도의 뒤를 따라오기도 하신다"고 했습니다. 하나님은 우리의 기도 없이도 역사하실 수 있지만 우리의 기도와 함께 역사하시길 기뻐하신다는 것입니다. 즉 기도는 하나님의 동행 혹은 협력의 사건입니다. 우리는 기도 속에서 하나님의 말씀을 듣고, 우리를 향한 하나님의 뜻을 묻고, 하나님과 상호교통적인 관계(communication)를 갖게 됩니다. 하나님과 인간 사이의 역동적인 현실성(dynamic actuality)은 바로 기도의 과정 속에서 실현됩니다.

둘째, 하나님의 인격, 성품, 의도와 목적 및 계획은 변함이 없지만, 하나님이 인간과 함께 일을 이루어 가실 때는 인간의 태도에 따라 인간에 대한 관계의 방식을 바꾸실 수 있습니다. 예를 들면, 시간이 앞당겨지거나 늦추어질 수도 있고, 상황의 변화가 가능하며, 수준과 종류의 변화를 가져올 수 있습니다. 기도를 통해서 우리는 하나님과의 협력과 하나님의 인도와 통치를 생생하게 경험할 수 있습니다. 여기서 우리의 순종과 불순종, 우리의 모든 선택과 결정의 책임은 하나님께 있지 않고 우리 자신에게 있음을 잊지 않아야 합니다. 그래서 바울은 신자에게 "하나님의 선하시고 기뻐하시고 온전하신 뜻이 무엇인지 분별하도록 하라"(롬 12:2)고 권면하고 있습니다.

셋째, 우리는 무엇을 간구해야 할까요? 무엇이든 구해야 합니다. 우리가 설령 잘못 구해도 우리의 최선을 아시는 하나님께서 언제나 최상의 것으로 응답해 주시기 때문입니다. 심지어 우리의 기도의 내용을 변화시키시며, 기도의 우선순위를 변경하시기도 하고, 전혀 새로운 기도의 제목을 허락하시기까지 우리의 기도에 응답하시는 분이십니다. 물론 때로 우리가 하나님께 구하지 않아도 주시는 경우가 있습니다. 하지만 하나님은 우리가 간구하길 원하십니다. 하나님은 인격적인 분이시기에 자신의 사랑의 파트너들의 인격적인 응답을 통해 자신의 뜻을 이루어 가십니다. 기도는 하나님께서 원하시는 것을 우리에게 주기 위해 사용하는 수단입니다. 그러므로 무엇이든지 하나님께 기도해야 합니다.

넷째, 우리의 기도에 대한 다섯 가지 하나님의 응답이 있습니다. ① "그래 혹은 오냐!"(Yes), ② "안 된다"(No), ③ "기다려라"(Wait), ④ "너 스스로 할 수 있잖아"(Do it for yourself.), ⑤ "네가 상관할 바 아니다. 내 일이다"(It's none of your business. It's mine.). "그래"는 하나님의 뜻에 맞는 기도, 하나님의 성품에 일치하는 기도, 하나님의 영광을 위한 기도, 하나님 나라의 건설을 위해 필요한 기도일 경우에 하나님께서 흔쾌히 허락하시는 것입니다. "안 된다"는 하나님의 뜻에 어긋나는 기도, 하나님의 성품에 일치하지 않는 기도, 하나님의 영광을 훼손하는 기도, 하나님나라의 건설을 위해 불필요한 기도일 경우에 하나님께서 허락하지 않는 것입니다. "기다려라"는 신자의 신앙과 인격의 성숙을 위해, 상황과 조건이 구비되도록, 때가 무르익도록 하나님께서 시간을 늦추시는 것입니다. 신자는 기도의 분량이 차기까지 기다리며 온전한 인내를 배우게 됩니다. "너 스스로 할 수 있잖아"는 하나님의 동역자로서의 인간이 하나님께서 이미 그에게 허락하시고 날마다 베풀어 주시는 지혜와 재능과 은사와 건강과 환경과 삶의 기회와 인간관계들을 선용하여 힘껏 최선을 다해 살아가도록 하나님께서 힘을 북돋워 주시는 것입니다. 주기도문에서 나타나듯이, 기도는 하나님께 청원(petition)과 더불어 헌신(commitment)을 다짐하는 것입니다. 그저 하나님만 바라보지 않고 땀 흘려 일용할 양식을 위해 수

고하는 것이 "날마다 우리에게 일용할 양식을 주옵시고"라는 간구의 참된 의미인 것입니다. 그러므로 신자는 자신의 삶에 대해서 책임적이고 응답적인 삶을 살아내야 합니다. 하나님께 책임을 돌리거나 자신 아닌 남 탓과 환경 탓이 아닌 매일의 삶에 헌신하는 삶이 우리의 기도의 자세인 것입니다.

"네가 상관할 바 아니다. 내 일이다." 이는 하나님이 주권자로서 우리의 삶과 세계 역사를 통치하는 주님이시라는 의미를 담고 있습니다. 우리의 간구에도 불구하고 우리가 통제하거나 간섭하거나 조종할(manipulate) 수 없는 하나님의 영역이 분명히 있음을 가리킵니다. 따라서 우리는 비록 간절히 기도하지만, 여전히 크고 놀라운 하나님의 계획과 인도하심 하에 놓여 있습니다. 그래서 때때로 우리의 기도가 응답되지 않는 경우도 있고, 우리의 일이 아닌 하나님의 일로 남아 있는 부분이 있음을 인정해야 할 것입니다. 그러므로 기도는 자동응답기가 아니며 하나님 역시 "기계장치로서의 신"(deus machina)이 아니라는 것입니다. 신앙이 성숙할수록 그리고 기도의 경험이 쌓여갈수록 우리는 하나님의 결정으로서의 응답에 예민해지고 분별에 익숙해지는 것입니다.

따라서 우리는 하나님께 무엇이든지 구할 수 있습니다. 그리고 그 어떤 기도도 하나님으로부터 응답받지 못한 것은 없었고, 없으며, 없을 것입니다. 그래서 우리는 우리의 모든 기도의 응답을 믿으며 감사하지 않을 수 없습니다. 이런 확신이 바로 섭리 신앙인 것입니다. 간절한 기다림과 기도는 믿음과 희망과 사랑의 삶의 실존을 드러내는 표지입니다.

섭리와 인간의 고난

고난이란 무엇입니까? 자연적인 재해, 육체적 질병, 사업의 실패, 낙방, 실연, 이혼, 죽음 등 인간들이 마주하고 싶지 않은 "나쁜 것"(das Böse)을 가리킵니다. 기독교인에게도 비 기독교인에게도 고난은 동일하게 찾아옵니다. 즉 이 땅에서의 고난의 현실은 신앙을 가졌건 그렇지 않건 간에 보편적입니다. 고난의 현실은 누구에게나 동일합니다. 고난의 시기와 기간, 정도와 종류의 차이일 뿐입니다. 그러나 분명히 다른 것이 있습니다. 바로 고난의 의미입니다. 이 땅에서 비기독교인들에게는 죄와 죄의 결과로서의 보편적 현실로 주어지는 것이 바로 고난이며, 이것은 최후의 심판을 거쳐 영원한 고난에 이르게 됩니다. 그러나 기독교인은 죄의 책임의 문제가 해결된 사람들입니다. 그리스도 안에 있는 자들은 과거와 현재, 그리고 미래의 죄에 대한 책임에서 벗어나 있습니다. 다만 죄로 오염된 이 세상에서 그 오염에 물들거나 그로 인해 고난 가운데 놓일 수도 있습니다.

기독교인은 고난을 해석할 수 있는 자유와 특권을 지니고 있습니다. 영원의 관점에서 시간을 해석하는 것입니다. 하늘의 안목으로 땅의 일을 바라보는 것입니다. 마치 욥기의 1장과 2장에서 나타나듯이, 땅에서 욥이 겪은 고난들은 바로 하늘에 계신 하나님과 사탄과의 대화에서 비롯된 것임을 우리는 알 수 있습니다. 그래서 우리는 욥의 고난이 그저 어느 날 하늘에서 뚝 떨어진 것이라거나 우연의 일치가 아닌, 하나님의 오묘하신 뜻이 담겨 있다는 사실을 발견하게 되는 것입니다. 이런 맥락에서 우리는 아주 평범한 진리, 즉 "고난에는 뜻이 있다"고 말할 수 있게 됩니다. 기독교인에게 의미 없는 고난은 존재하지 않습니다. 그런데 놀랍게도 고난의 의미가 밝혀지면, 고난은 더 이상 고난이 아닙니다. 비록 고난의 현실한 가운데에서도 고난은 그 힘을 잃게 되기 때문입니다.

그러므로 오늘날 우리는 고난의 의미를 해석할 수 있는 능력을 소유해야 합니다. 흔히 우리는 고난 속에서 다음과 같은 질문들을 던집니다. "왜 하필이면 나에게?"(Why me?) "도대체 하나님은 어디에 계십니까?"(Where is God?) 성서에도 이와 비슷한 다양한 물음들이 들어 있습니다. 어째서 의인들이 실패하는 것처럼 보이며 악인들이 형통하는가? 어떻게 사랑의 하나님이 이런 고통을 허락하시는가? 만일 하나님이 살아 계시다면 어떻게 이런 불의를 용납하실 수 있는가? 전능하신 하나님은 어디에 계신가? 과연 하나님이 전능하시다면, 어떻게 이런 고난들로부터 우리를 건져주지 못하시는가? 결국 고난의 현실로부터 우리는 고난 그 자체보다는 하나님에 대한 질문을 던지게 되고, 때로는 하나님을 향해서 항의와 공격으로 나아가게 됩니다.

그래서 우리는 자신을 향한 하나님의 편애와 차별을 느끼게 되고, 불공평한 하나님, 무능한 하나님이라고 하는 오해와 편견을 갖게 됩니다. 그리고 이는 하나님과의 관계에 치명적인 손상을 가져옵니다. 관계가 불편해집니다. 때로는 냉각기를 갖게 되고, 상처는 침묵으로 표현되며, 드디어 하나님께 등을 돌려버리는 최악의 상태에 이르게도 됩니다. 그러나 우리가 고난의 의미를 발견하게 되면, 우리는 문제의 원인이 바로 "나"에 있다는 사실을 깨닫게 됩니다. 하나님의 편애가 아니라 나의 이해와 지각의 부족 탓이라는 것입니다. 나의 오해와 편견으로 인해 하나님께서 애꿎게 누명을 쓰시고 모든 책임을 뒤집어쓰십니다. "하나님! 실수 하셨어요." "이 모든 것은 하나님 당신 탓입니다."라고 말입니다. 그래서 일평생 "좋으신 하나님"을 경험하지 못한 채 살아가는 사람들이 많습니다. 자신의 경험과 지식과 신앙에다가 하나님을 가두어 놓았기 때문입니다. 그러나 하나님은 우리의 생각보다 더 크신 분이십니다. 우리의 경험보다 더 넓으신 분이십니다. 우리의 신앙보다 더 깊으신 분입니다. 그런데 이는 오로지 고난의 한 가운데에서도 고난에 대한 바른 이해를 통해서만 주어질 수 있는 것입니다. 우리는 성서 속에 나타난 고난의 의미들을 다음과 같이 살펴보고자 합니다.

첫째, 징계(punishment)는 하나님의 사랑의 채찍입니다. 사랑하는 하나님의 자녀를 위한 징계는 잘못을 교정하고 신앙과 인격의 성숙을 위한 성화의 과정에 포함되어 있습니다. "대저 여호와께서 그 사랑하시는 자를 징계하시기를 마치 아비가 그 기뻐하는 아들을 징계함같이 하시느니라"(잠 3:12) "주께서 사랑하시는 자를 징계하시고 그의 받으시는 아들마다 채찍질하심이라"(히 12:6) 그렇다면 이렇게 징계를 받을 때 우리는 어떤 태도를 취해야 할까요? 먼저 회개해야 합니다. 빨리 돌이켜야 합니다. "빠를수록 좋다"(the sooner, the better)는 표현이 맞습니다. 깨닫는 즉시 그 자리에서 돌아서야 합니다(눅 15:18-19). 또한 곧바로 하나님의 뜻에 복종해야 합니다. "또 우리 육신의 아버지가 우리를 징계하여도 공경하였거늘 하물며 모든 영의 아버지께 더욱 복종하며 살려하지 않겠느냐?"(히 12:9) 징계를 통해 우리는 복종의 훈련을 하게 됩니다. 그리하여 하나님의 사랑으로 말미암은 징계를 참고 기다릴 수 있습니다. 이는 고난이 온전한 인내를 이룬다는 의미입니다.

둘째, 연단(discipline)은 하나님의 자녀를 더욱 강건하고 성숙하게 인도하시기 위한 하나님의 훈련 과정입니다. 그리하여 하나님께로 향하지 않은 신자들의 중심을 잡는 수단이 되기도 합니다. 그뿐 아니라 우리 안에 들어있는 죄악의 녹과 찌끼 등 불순물을 제거하는 장치가 되기도 합니다. 우리의 자기 의, 탐욕, 교만, 거짓, 이기심, 불의를 드러내고 걸러내는 정화와 순화의 과정입니다. "너희 믿음의 시련이 불로 연단하여도 없어질 금보다 더 귀하여 예수 그리스도의 나타나실 때에 칭찬과 영광과 존귀를 얻게 하려함이라"(벧전 1:7) "사랑하는 자들아 너희를 시험하려고 오는 불 시험을 이상한 일 당하는 것 같이 이상히 여기지 말고 오직 그리스도의 고난에 참여하는 것으로 즐거워하라"(벧전 4:12-13) "만일 누구든지 금이나 은이나 보석이나 나무나 풀이나 짚으로 이 터 위에 세우면 각각 공력이 나타날 터인데 그 날이 공력을 밝히리니 이는 불로 나타내고 그 불이 각 사람의 공력이 어떠한 지를 시험할 것이니라"(고전 3:12-13)

또한 연단으로서의 고난은 신자로 하여금 순종하는 자유의 훈련(히 5:8-9 "그가 아들이시라도 받으신 고난으로 순종함을 배워서 온전하게 되었은즉")과 사랑하는 존재로의 변화를 가져옵니다. 결국 하나님의 성품을 닮아가는 성화의 길을 걷는 것입니다. 더욱이 연단으로서의 고난은 하나님의 강한 군사 만들기의 일환이기도 합니다. 따스한 온실 신자가 아니라 거센 삭풍 속에서도 흔들리지 않는 광야 신자가 되도록 하나님은 거칠고 큰 고난의 과정을 허락하십니다. 그리하여 죄와 악한 세력과의 영적 전투에서 승리할 수 있는 그리스도의 군사로 훈련하시는 것입니다. 그 결과는 불 속에 정련된 금처럼 견고한 신앙의 열매로 나타납니다. "나의 가는 길을 오직 그가 아시나니 그가 나를 연단하신 후에는 내가 정금같이 나오리라"(욥 23:10) "우리가 환난 중에도 즐거워하나니 이는 환난은 인내를 인내는 연단을 연단은 소망을 이루는 줄을 앎이라"(롬 5:3-4)

그뿐 아니라 연단으로서의 고난은 진정한 좋은 열매를 맺는 방식입니다. 고난 속에서 신자들은 하나님의 생명의 에너지를 오롯이 흡수합니다. 거센 바람에 나무가 흔들리지 않으려고 움직일 때마다 땅속 깊은 물을 빨아들이듯이 깊고 풍성한 삶의 에너지를 얻게 되는 유익을 누리게 되는 것입니다. "스스로 속이지 말라 하나님은 만홀히 여김을 받지 아니하시나니 사람이 무엇으로 심든지 그대로 거두리라 자기의 육체를 위하여 심는 자는 육체로부터 썩어진 것을 거두고 성령을 위하여 심는 자는 성령으로부터 영생을 거두리라"(갈 6:7-8)

셋째, 타인과 신앙공동체를 위한 교육과 유익을 누리게 됩니다. 자신의 잘못에 기인하지 않고 또한 하나님의 뜻에 의한 연단이 아니어도, 종종 우리의 고난이 친구와 지인 등 타인과 가족과 교회 공동체의 유익을 위한 경험이 되는 경우가 있습니다. 타산지석이라고 하여 나의 고난이 누군가의 깨달음과 뉘우침을 가져오게 되고 하나님의 선하심과 신실하심을 증거하는 도구가 될 수 있는 것입니다. 실제로 고난을 통한 교육의 효과는 하나님의 자녀들과 그 공동체를 위해서 상당한 영향을 끼칩니다.

넷째, 온전한 하나님 이해와 인간 이해의 지름길입니다. 우리는 고난 속에서 하나님을 닮은 존재로서 "고난 당하시는 하나님"을 이해하게 됩니다. 십자가에서 발견하게 되는 하나님은 우리를 위하여 "고난 당하시는 하나님"이며, 고난 당하는 인간들과 연대 가운데 계신 분이십니다. 본회퍼는 "오직 고난 당하시는 하나님이 도우실 수 있다"(Only the suffering God can help.)고 주장했습니다. 고난을 겪으신 하나님께서 우리들이 겪는 고난의 아픔을 공감하고 체휼하십니다. 우리는 고난 속에서 하나님의 마음을 이해하게 되는데, 이는 십자가에 달려 돌아가신 예수 그리스도와 이를 지켜보며 함께 아파하신 하나님의 마음(the wounded heart of God)을 이해하는 것입니다.

또한 고난을 통해 우리는 인간들의 처지와 상황을 이해하게 됩니다. 인간의 연약함, 죄성, 사악함, 무능력을 이해하고 동정하게 되는 것입니다. 특히 고난 앞에 무기력한 자신의 참 모습을 발견하게 됩니다. 함께 고난 당하는 자들의 마음과 형편을 이해할 수 있게 되고 그들을 돕고자 하는 마음도 생겨납니다. 고난의 의미를 해석하고 위로할 수 있는 능력과 치유의 능력을 기르게 됩니다. 이런 의미에서 "아픈 사람이 아픈 사람을 도울 수 있다. 이왕이면 동일하거나 비슷한 종류의 고난을 겪는 이들은 그렇지 않은 사람들보다 서로 더 잘 이해하고 도울 수 있다"는 표현은 매우 적절한 것입니다. 이렇게 고난을 해석하는 가운데 하나님의 뜻을 분별하게 되고 지각의 성숙이 이루어집니다. "우리의 모든 환난 중에서 우리를 위로하사 우리로 하여금 하나님께 받는 위로로써 모든 환난 중에 있는 자들을 능히 위로하게 하시는 이시로다"(고후 1:4) 따라서 고난은 성화의 기회요, 하나님의 거룩함에 이르는 길입니다. 하나님을 사랑하고 이웃을 사랑하는 지름길입니다.

다섯째, 자원하는 고난(voluntary suffering)입니다. 사랑하는 자를 위하여 받는 고난의 즐거움입니다. 이는 하나님의 의와 영광과 하나님나라를 위한 고난입니다. 즉 징계나 연단이나 타인의 유익과 신앙공동체의 교육을 위한 고난이 아니라, 오로지 사랑하는 주님을 위해 기꺼이 자발적으로 고난을 당하는 것을 의미합니다. 예수님의 십자가는 온 인류를 위한 자원하는 사랑의 고난이었습니다. "저는 그 앞에 있는 즐거움을 위하여 십자가를 참으사 부끄러움을 개의치 않으시더니"(히 12:2). 이제 그리스도 안에 있는 자는 그의 십자가의 고난에 참여함으로써 하나님의 의와 영광을 위한 삶에 헌신하는 것입니다. "그리스도를 위하여 너희에게 은혜를 주신 것은 다만 그를 믿을 뿐 아니라 또한 그를 위하여 고난도 함께 받게 하심이라"(빌 1:29). 그래서 바울은 "그리스도의 남은 고난을 내 육체에 채우노라"고 말했습니다. 우리는 자원하는 고난을 통해 주님을 닮아갑니다. 아무 죄도 없으신 예수님이 십자가에서 온 인류를 향한 사랑으로 말미암아 무거운 죄짐을 다 짊어지셨듯이, 우리도 기꺼이 주님을 사랑하는 마음으로 자발적인 고난을 겪어야 하는 것입니다.

그런데 여기서 주목해야 할 것이 있습니다. 우리는 그리스도의 십자가 고난에만 참여하는 것이 아닙니다. 성령 안에서 우리는 그리스도의 십자가와 부활의 사건에 동시적으로 연합됩니다. 즉 부활의 영광의 영 안에서 기꺼이 십자가의 고난에 참여하는 것입니다. 바울은 이렇게 권면합니다. "오직 너희가 그리스도의 고난에 참여하는 것으로 즐거워하라 이는 그의 영광을 나타내실 때에 너희로 즐거워하고 기뻐하게 하려 함이라"(벧전 4:13). 그뿐 아니라 고난을 두려워하지 않을 이유가 있습니다. "너희가 그리스도의 이름으로 욕을 받으면 복 있는 자로다 영광의 영 곧 하나님의 영이 너희 위에 계심이라"(벧전 4:14). 무슨 뜻일까요? 우리가 고난을 당할 때 하나님은 결코 우리를 홀로 두시지 않는다는 것입니다. 고난 당하는 자와 함께 계시는 하나님입니다. 그들 위에 머물러 계시는 성령님의 임재가 있습니다. 다니엘의 세 친구들과 함께 풀무 가운데 있던 신의 아들(영), 스데반이 돌에 맞아 죽기 전 그 자리에 함께 계셨던 성령의 충만을 우리는 기억해야 합니다(단 3:25; 행 7:55). 고난 당하는 자에게 임하시는 하나님의 영의 충만입니다. 그러므로 우리의 고난의 현장이 바로 성령이 임재하고 성령이 충만한 자리인 것입니다.

이런 의미에서 고난은 회피해야 할 대상이 아니며, 오히려 고난 한복판에서 하나님을 새롭게 다시 만나고 성숙으로 나아가야 합니다. 고난 속에서 우리는 불평거나 원망하지 말아야 하며(벧전 4:12-13), 오히려 기뻐하고 즐거워해야 합니다(마 5:11-12). 때로 고난은 하나님의 은사입니다. 하나님께서 사랑하는 자들에게 주시는 선물이기도 합니다. 모든 고난에 하나님의 깊으신 뜻이 담겨 있습니다. 일관된 하나님의 사랑의 동기와 의도 및 목적이 담겨 있습니다. 예수 그리스도는 어제나 오늘이나 영원토록 동일하십니다(히 13:8). 성령님은 오늘도 우리 안에서 그리고 세상 끝날까지 우리를 고아처럼 버려두지 않으시고 돌보아주시며 인도하십니다. 이러한 하나님의 사랑을 의지하며 그 어떤 고난과 역경에도 불구하고 "믿을 만하신 분"이요 "신실하신 분"이심을 고백하는 것이 바로 섭리 신앙인 것입니다.

끊을 수 없는 하나님의 사랑을 끝까지 신뢰하고 감사하는 것이 우리의 마땅한 태도입니다. 바울은 우리에게 이렇게 선언하고 있습니다.

"그런즉 이 일에 대하여 우리가 무슨 말 하리요 만일 하나님이 우리를 위하시면 누가 우리를 대적하리요 자기 아들을 아끼지 아니하시고 우리 모든 사람을 위하여 내주신 이가 어찌 그 아들과 함께 모든 것을 우리에게 주시지 아니하겠느냐 누가 능히 하나님께서 택하신 자들을 고발하리요 의롭다 하신 이는 하나님이시니 누가 정죄하리요 죽으실 뿐 아니라 다시 살아나신 이는 그리스도 예수시니 그는 하나님 우편에 계신 자요 우리를 위하여 간구하시는 자시니라 누가 우리를 그리스도의 사랑에서 끊으리요 환난이나 곤고나 박해나 기근이나 적신이나 위험이나 칼이랴 기록된 바 우리가 종일 주를 위하여 죽임을 당하게 되며 도살 당할 양 같이 여김을 받았나이다 함과 같으니라 그러나 이 모든 일에 우리를 사랑하시는 이로 말미암아 우리가 넉넉히 이기느니라 내가 확신하노니 사망이나 생명이나 천사들이나 권세자들이나 현재 일이나 장래 일이나 능력이나 높음이나 깊음이나 다른 어떤 피조물이라도 우리를 우리 주 그리스도 예수 안에 있는 하나님의 사랑에서 끊을 수 없으리라"(롬 8:31-39).

생각해 볼 문제

1. "우리에게 일어나는 모든 일은 다 하나님의 뜻에 의한 것이다"라는 말은 과연 적절한 표현인가요?

2. 하나님의 은혜와 인간의 자유, 하나님의 주권과 인간의 행동 사이의 관계를 어떻게 설명할 수 있을까요?

3. 하나님의 인도하심의 방식(허락, 방해, 방향, 결정)에 관한 구체적인 경험을 나누어 보세요.

4. 우리의 기도가 하나님의 뜻을 변경할 수 있을까요?

5. 하나님이 사랑이시라면, 하나님의 사랑하는 자녀의 고난을 어떻게 설명할 수 있을까요?

더 읽을 만한 책

김균진. 『기독교신학』 1. 서울: 새물결플러스, 2014.

김도훈. 『길 위의 하나님: 일상, 생명, 변증의 눈으로 보는 신학』. 서울: 조이웍스, 2014.

이신건. 『조직신학입문』. 서울: 신앙과 지성사, 2014.

최윤배. 『개혁신학입문』. 서울: 장로회신학대학교출판부, 2014.

최태영. 『성경의 신학』. 서울: 사)기독교문서선교회, 2013.

다니엘 밀리오리. 『기독교 조직신학 개론』 개정 3판. 신옥수·백충현 역. 서울: 새물결플러스, 2016.

스탠리 그렌즈. 『조직신학: 하나님의 공동체를 위한 신학』. 신옥수 역. 고양: 크리스챤 다이제스트, 2003.

루이스 벌콥.『벌코프 조직신학(상)』. 권수경, 이상원 역. 서울: 크리스챤 다이제스트, 1991.

폴 헬름.『하나님의 섭리』. 이승구 역. 서울: 한국기독학생회 출판부, 2004.

더글라스 J. 브라우어.『당신은 무엇을 믿는가』. 이종태 역. 서울: 도서출판 복있는 사람, 2001.

예정론

예정론의 참된 의미*

김명용

*이 글은 본인의 "오늘의 예정론"을 다시 정리해서 쉽게 쓴 글이다. 자세한 내용은 다음을 참고하라. 김명용, "오늘의 예정론", 동 저자, 『현대의 도전과 오늘의 조직신학』 (서울: 장신대 출판부, 1997), 62-83.

예정론

서언

예정론은 복음을 설명하는 교리입니다. 예정론을 알면 엄청난 신앙의 감격을 느끼게 되고 기쁨으로 가득 찬 삶이 시작됩니다. 예정론은 장로교회가 우기는 교리가 아니라 복음의 깊이를 설명하는 교리입니다. 그런데 왜 사람들은 예정론에 대해 부정적인 생각을 갖게 될까요? 그 이유는 예정론을 잘못 알고 있기 때문이고, 특히 예정론이 인간의 자유를 해친다고 생각하기 때문입니다. 하나님은 자유의 신이시고, 하나님은 인간에게 자유를 주신 신이십니다. 하나님은 인간의 자유를 억압하는 신이 아니십니다. 예정론 역시 인간의 자유를 억압하기 위한 교리가 아닙니다. 17세기 옛 정통주의 신학의 시대에 예정론이 잘못 발전해서 인간의 자유를 부분적으로 억압하는 잘못된 경향이 있었던 적은 있었지만, 이 잘못은 이미 개혁파 신학의 예정론 속에 수정되어 있습니다. 중요한 것은 예정론을 알지 못하면 복음을 제대로 알지 못한다는 점입니다. 그 이유는 예정론이 복음이고 복음이 예정론으로 표현되고 있기 때문입니다.

하나님은 예수 그리스도만 예정하신 것이 아니고 각 개인도 예정하십니다

하나님은 영원 전에 예수 그리스도를 예정하셨습니다. 예정론의 핵심 초점은 예수 그리스도이십니다. 하나님은 만민을 살리기 위해 예수 그리스도를 예정하셨고, 이 예정은 마침내 역사 속에서 구현되었습니다. 그리스도의 죽음과 부활은 만민을 살리기 위한 하나님의 예정이었고, 이 예정이 구현된 사건이었습니다. 그런데 또 하나의 중요한 초점이 있는데 그것은 "창세 전에 그리스도 안에서 우리를 택하사"(엡 1:4)라는 나와 관련된 초점입니다. 복음은 예수 그리스도 사건만이 아니고, 그리스도 안에서 나를 택하신 것과도 깊이 관련되어 있다는 점입니다. 내가 하나님의 자녀가 되는 것이 이미 창세 전에 그리스도 안에서 일어난 사건이라는 엄청난 감격적인 표현입니다.

예레미야 1장 5절에는 다음과 같은 중요한 말씀이 있습니다. "내가 너를 복중에 짓기 전에 너를 알았고 네가 태에서 나오기 전에 너를 구별하였고 너를 열방의 선지자로 세웠노라" 예레미야가 선지자가 된 것은 어머니 태에서 나오기 전에, 어머니 태에서 만들어지기도 전에 시작되었다는 이 말씀은 인간이 장성한 뒤에 결단해서 무엇이 된다는 오늘의 일반인들의 많은 사고와는 크게 다른 표현입니다. 중요한 것은 인간이 자신의 자유의지로 무엇을 결단하기 이전에 이미 하나님의 예정은 시작되었다는 사실입니다. 모든 그리스도인들의 구원도 마찬가지입니다. 많은 그리스도인들은 자신이 예수 그리스도를 믿는 순간 구원이 시작되었다고 생각할지 모릅니다. 그러나 사실은 이미 영원 전에 자신을 향한 하나님의 예정이 있었고, 하나님의 계획과 부르심이 있었습니다. 자신이 예수 그리스도를 믿는 순간은 이 하나님의 예정과 계획과 부르심이 구현되는 순간입니다. 하나님은 천국을 우리에게 주시려고, 예수 그리스도를 희생시키시고, 우리를 예정하시고 부르신 것입니다.

예정론은 인간의 자유를 희생시키는 교리가 아닙니다

예정론은 인간의 자유의지를 희생시키는 교리일까요? 아닙니다! 하나님은 자유의 신이시고 인간의 자유를 억압하지 아니하십니다. 그러면 어떻게 예정이라는 표현이 가능할까요? 하나님의 예정과 인간의 자유를 이해하기 위해 다음의 예를 생각해보십시오.

어떤 두메산골에 초라하게 살아가는 선비가 있었다. 그는 가난해서 한 끼 먹고 한 끼 굶고 살아가는 불쌍한 선비였다. 그를 찾아오는 사람도 많지 않았고, 외로움과 가난으로 힘들게 살아가는 선비였다. 그러던 어느 날 임금님께서 이 선비를 나라의 영의정으로 삼기로 작정하셨다. 그것은 매우 놀라운 일이었지만 임금님께서는 그렇게 확실히 결심하셨다. 이렇게 결심한 임금님은 이 가난한 선비를 만나러 선비가 사는 두메산골로 찾아오셨다. 두메산골로 찾아오신 임금님께서는 이 가난한 선비에게 궁궐로 가자고 청하셨다. 이 청은 두메산골에 살던 가난한 선비가 꿈에도 생각지 못하던 청이었다. 마침내 이 가난한 선비는 나라의 영의정이 되었고, 임금님과 함께 나라를 다스리는 어마어마한 영광의 인물이 되었다.

가난한 선비가 임금님의 청을 거절할 수 있을까요? 물론 거절할 수 있습니다. 그것은 그 선비의 자유입니다. 선하신 임금님은 그 자유를 박탈하지 않으십니다. 그런데 어떻게 거절할 수 있을까요? 한번 거절해도 임금님께서는 꼭 가자고 간절히 청을 하실 것입니다. 예정론에서 많이 언급되는 불가항력적 은혜라는 말은 하나님의 은혜의 강제성을 의미하는 것이 아니고 하나님의 은혜의 넓이와 깊이를 의미하는 말입니다. 하나님의 은혜가 워낙 깊어서 인간이 그 은혜를 거절하기 어렵다는 뜻입니다. 물론 거절할 수 있습니다. 그것은 인간의 자유입니다. 그런데 어떻게 거절할 수 있단 말입니까!

나라의 영의정이 된 이 선비는 자신이 영의정이 된 것이 자신의 결단에 있다고 생각하지 않을 것입니다. 물론 선비가 임금님을 따라 나서기로 결정했습니다. 그럼에도 불구하고 이 선비는 자신이 영의정이 된 것이 자신의 결정 때문이라고 생각하지 않을 것입니다. 우리의 신앙의 근거도 나의 결단에 기초하고 있는 것이 아닙니다. 내가 하나님의 자녀라는 높고 높은 지위를 얻은 것은 나의 결단 때문이 아니고 하나님의 예정과 부르심 때문입니다. 인간의 결단에 기초하고 있는 신학과 설교는 신앙의 매우 중요한 측면을 상실하고 있는 신학이자 설교입니다. 인간이 아무리 결단해도 영의정이 되고 하나님의 자녀가 되는 것이 아닙니다. 두메산골의 선비가 천만번 결단한들 영의정이 될 수 있을까요? 예정론은 인간의 결단 너머에 있는 깊은 차원을 설명하는 교리입니다. 이 깊은 차원은 너무나 놀라운 사건이고 감격의 사건입니다. 예정론은 인간의 결단 너머에 있는 하나님의 어마어마한 은혜를 설명하는 교리입니다.

예정론은 선행하는 하나님의 은총을 전하는 교리입니다

예정론은 인간의 자유의지를 해치기 위한 교리가 아닐 뿐 아니라 선행하는 하나님의 은총을 전하려는 데 핵심이 있는 교리입니다. 에베소서 1장 1절이 언급하는 그대로 우리는 그리스도 안에서 하나님의 뜻에 따라 예정을 입었습니다. 이 예정은 "구원의 복음을 듣고"(엡 1:13) "믿는"(엡 1:13) 인간의 행위를 통해 구현됩니다. 그러면 이 하나님의 예정이 구현되는 것은 운명론적으로 기계적으로 일어날까요? 그렇지 않습니다. 전통적 예정론은 이 과정을 거의 운명적으로, 기계적으로 설명했는데, 바로 그곳에 근본적인 잘못이 있었습니다. 우리는 이 예정이 어떻게 구현되는가를 알기 위해 다음의 예를 생각해 봅시다.

> 어떤 초라한 시골에 한 처녀가 살고 있었다. 그런데 덕망 있고 용모가 수려해서 백성들의 존경을 받는 그 나라의 왕자가 이 처녀를 사랑하게 되었다. 이 처녀를 사랑한 왕자는 임금님과 의논해서 이 처녀를 아내로 맞이하기로 결정했다. 어느 날 왕자는 이 초라한 시골로 그 처녀를 찾아가서 사랑을 고백하고 왕궁으로 갈 것을 청했다. 이 때 이 처녀는 어떠한 반응을 할 수 있겠는가? 이 왕자의 청을 기쁜 마음으로 받아들이고 왕궁으로 따라가는 경우를 생각할 수 있을 것이다. 그러나 왕자의

청을 거절하고 왕자에게 무안을 줄 수도 있을 것이다. 그러나 이렇게 거절당한 왕자는 거절당했음에도 불구하고 인격과 덕망이 높은 분이기 때문에 처녀를 기다리며 계속 환심을 사기 위해 노력한다. 그런 과정이 반복되는 동안 마침내 처녀는 왕자의 사랑에 감동하고 그의 인격과 수려한 용모에 사로잡혀 왕자를 사랑하게 되고 마침내 왕자의 아내가 되었다.

그러면 이 처녀가 왕자비가 된 것은 무엇 때문인가요? 처녀가 어느 날 결정을 잘했기 때문인가요? 그렇지 않습니다. 이 처녀에 대한 선행하는 왕자의 사랑과 왕궁에서 작정된 결정 때문입니다.
예정론은 바로 이처럼 선행하는 하나님의 사랑과 은총을 전하려는 교리입니다. 우리가 그리스도의 복음을 듣고 믿어 하나님의 자녀가 된 것은 어느 날 우리가 결정을 잘했기 때문이 아니라 하나님이 먼저 우리를 사랑하고, 찾아오고, 부르셨기 때문입니다. 바로 이 선행하는 하나님의 사랑과 부르심을 언급하고자 하는 것이 예정론입니다.

예정론은 신앙의 우연성을 반대하는 교리입니다

몰트만(J. Moltmann)에 의하면 예정론은 신앙의 우연성(Zufälligkeit)을 반대하는 교리입니다. 예정론은 우리의 신앙이 기계적으로 얻어지는 것 같은 기계론적인 관점에서 언급되면 절대로 안 됩니다. 왜냐하면 그것은 인간의 자유의지를 그 근원에서부터 파괴하는 심각한 결과를 낳기 때문입니다. 예정론은 우리가 우리의 자유로운 결정에 의해 신앙을 갖게 되었지만 그러나 그것은 결코 우리의 우연한 결단에 의한 것이 아님을 밝히는 교리입니다. 즉 선행하는 하나님의 사랑과 선택 때문에, 우리를 향한 하나님의 뜨거운 은총의 부르심 때문에 결국 우리가 신앙을 갖게 되었다는 그리스도 안에 나타난 선행하는 하나님의 은총을 전하는 교리입니다. 예정론은 우리의 신앙이 우연에 의한 것이거나 원래 우리 안에 근거하고 있는 것이 아니고 하나님 안에 근거하고 있음을 밝히는 교리입니다. 그러나 이 하나님 안에 근거하고 있는 하나님의 예정은 결코 기계론적으로 발생하는 어떤 것은 아닙니다. 하나님의 불가항력적 은혜란 하나님의 사랑의 불가항력성을 의미하는 것이지 기계적인 수수작용으로 이해하면 안 됩니다. 앞서 언급한 비유에서 이해할 수 있는 것처럼 불가항력적 은혜란 왕자의 사랑의 깊이의 불가항력성을 의미하는 것입니다. 즉, 왕자의 사랑이 너무나 지극하고 깊기 때문에, 이 사랑이 너무나 불가항력적이기 때문에 마침내 그 처녀는 그 사랑에 감동되어 자신의 자유의지로 왕자의 아내가 되기로 결정한 것입니다.

예정론은 신앙의 무상성을 반대하고, 하나님의 사랑의 신실성을 전하는 교리입니다

예정론은 신앙의 무상성을 반대하는 교리입니다. 전통적 예정론에서 강하게 강조되는 성도의 견인이라는 개념도 결코 기계론적으로 이해하면 안 됩니다. 성도의 견인이란 하나님의 사랑이 변치 않음을 표현하는 교리입니다. 몰트만에 의하면 예정론은 신앙의 우연성과 무상성을 반대하는 교리인 동시에 하나님의 사랑의 신실성(Treue)을 표현하는 교리입니다.

예정론이 하나님의 사랑의 신실성을 표현하는 교리라는 말을 이해하기 위해 다음의 예를 생각해봅시다.

어떤 마을에 망나니 같은 남편이 있었다. 이 남편은 일하러 나가지도 않고 온갖 망나니짓을 했는데, 마침내 의처증까지 생겨서 자신의 아내를 조석으로 괴롭혔다. 그런데 그의 아내는 참으로 착한 여자여서 자신을 괴롭히는 남편을 잘 섬기고, 남편이 일하러 나가지 않았기 때문에 대신 일하러 나가서, 힘든 일을 하면서 가정을 돌보고 아이들을 신실하게 기르고 교육했다. 그런 세월이 오래 흘러갔다. 아이들은 어머니의 사랑 속에서 잘 자랐고, 비뚤어지지 않고 건실하게 일하는 사람들이 되었다. 어느 가을날, 서늘한 바람이 부는 어느 날, 망나니 남편이 산에 올라가서 벤치에 앉아서 떨어지는 낙엽을 보고 있었다. 그런데 갑자기 찬바람이 이마를 스치고 지나갔다. 찬바람이 이마를 스치고 지나갈 때, 불현듯 이 남편은 무언가를 깨닫게 되었다. 지난날들이 머릿속에 떠오르면서, 이 남편은 자신의 아내가 한없이 착하고 고마운 여자라는 것을 알게 되었다. 세상에, 이런 착한 여자가 있을까! 남편은 비로소 자신의 아내가 한없이 착한 여자였고, 자신은 엄청나게 나쁜 남편이었다는 것을 깨닫게 되었다. 남편은 자신이 부끄러웠고 눈물이 났다. 그리고 남편은 마침내 결심을 하게 되었다. 지금까지는 내가 내 아내를 괴롭혔지만 이제부터는 내 아내를 사랑하고 기쁘게 해주어야겠다. 이렇게 결심한 남편은 그날부터 정말 변화된 사람이 되어 자신의 과오를 뉘우치고, 착한 아내를 사랑하고, 아내를 기쁘게 하기 위해 많은 시간을 보냈고, 마침내 이 가정에는 기쁨과 행복이 찾아오게 되었다.

이 가정에 기쁨과 행복이 찾아오게 된 이유가 무엇일까요? 가을에 남편이 산에 올라갔기 때문일까요? 가을에 벤치에 앉아서 떨어지는 낙엽을 보았기 때문일까요? 차가운 바람이 이마를 스치고 지나갔기 때문일까요? 깊이 없는 신학자들이나 설교자들은 차가운 바람이 사람을 바꾼다고 설교하고 가르칠 것입니다. 이 가정에 기쁨과 행복이 오게 된 근본 원인은 남편의 망나니짓에도 불구하고 끝없이 남편을 섬기고 사랑했던 착한 아내의 사랑의 신실성 때문입니다. 우리가 천국에 이르는 것은 하나님의 사랑의 신실하심 때문입니다. 우리는 모두 망나니 남편 같은 사람들입니다. 우리는 구원의 길에서 끊어져도 한마디 항변도 할 수 없는 그릇된 인간들입니다. 그런데 하나님께서는 그런 망나니 인간인 우리들을 끝없이 사랑하셔서 구원에 이르도록 하는 것입니다. 우리가 천국에 이르렀을 때 모두 하나님의 은혜라고 고백할 수밖에 없을 것입니다.

하나님은 박해 상황 속에서도 우리를 구원하십니다. 박해 상황은 우리가 신앙을 잃어버릴 수 있는 위험한 상황입니다. 그럼에도 불구하고 그 위험한 상황도 이길 수 있는데, 그것은 나의 힘이 아니라 나를 사랑하시는 하나님의 사랑 때문입니다. 예정론은 우리의 신앙이 처음부터 마지막까지 하나님의 사랑과 은혜에 의존하고 있다는 것을 설명하는 교리입니다.

"내가 확신하노니 사망이나 생명이나 천사들이나 권세자들이나 현재 일이나 장래 일이나 능력이나 높음이나 깊음이나 다른 아무 피조물이라도 우리를 우리 주 그리스도 예수 안에 있는 하나님의 사랑에서 끊을 수 없느니라"(롬 8:38-39). 예정론은 우리 주 예수 그리스도 안에 있는 하나님의 사랑의 신실성에 대한 고백입니다. 이 하나님의 사랑의 신실성 때문에 우리의 신앙은 무상하게 사라지지 않습니다. 예정론은 우리에게 어떠한 위급한 상황이 닥친다 해도 그리스도 예수 안에 있는 하나님의 사랑이 우리를 끝까지 지켜주실 것이라는, 그리스도 예수 안에 있는 하나님의 사랑의 깊이를 표현하는 교리입니다. 이 하나님의 사랑의 신실성에 대한 표현이 전통적 예정론에서 기계론적 경향을 많이 나타낸 것이 잘못이었습니다.

예정론은 하나님의 섭리론의 핵심입니다

예정론은 예수 그리스도 안에 계시된 하나님의 선하신 섭리를 전하려는 교리입니다. 이 하나님의 섭리에 대해 바울은 다음과 같이 언급하고 있습니다.

"우리가 알거니와 하나님을 사랑하는 자 곧 그 뜻대로 부르심을 입은 자들에게는 모든 것이 합력하여 선을 이루느니라 하나님이 미리 아신 자들로 또한 그 아들의 형상을 본받게 하기 위하여 미리 정하셨으니 이는 그로 많은 형제 중에서 맏아들이 되게 하려 하심이니라 또 미리 정하신 그들을 또한 부르시고 부르신 그들을 또한 의롭다 하시고 의롭다 하신 그들을 또한 영화롭게 하셨느니라"(롬 8:28-20).

예정론은 하나님의 선하신 섭리에 대한 신학적 찬양입니다.

하나님의 섭리에 대한 교리는 장로교가 가지고 있는 대단히 위대한 교리 중의 하나입니다. 하나님의 섭리를 알지 못하는 신앙은 허약해지기 쉽고 넘어지기 쉽습니다. 성경의 창세기는 요셉의 고난에 대해 대단히 길게 다루고 있습니다. 요셉은 형들의 미움을 받아 애굽으로 팔려가고 보디발의 아내의 모함을 받아 감옥으로 끌려갑니다. 요셉은 감옥 속에서 자신의 운명을 기약할 길 없는 세월을 보내게 됩니다. 왜 이런 고난이 요셉에게 일어났을까요? 이 질문에 대한 답은 창세기 45장에 기록되어 있습니다.

"당신들이 나를 이곳에 팔았으므로 근심하지 마소서 한탄하지 마소서 하나님이 생명을 구원하시려고 나를 당신들 앞서 보내셨나이다. 이 땅에 이 년 동안 흉년이 들었으나 아직 오 년은 기경도 못하고 추수도 못할지라 하나님이 큰 구원으로 당신들의 생명을 보존하고 당신들의 후손을 세상에 두시려고 나를 당신들 앞서 보내셨나니 그런즉 나를 이리로 보낸 자는 당신들이 아니요 하나님이시라 나로 바로의 아비를 삼으시며 그 온 집의 주를 삼으시며 애굽 온 땅의 치리자를 삼으셨나이다"(창 45:5-8).

예정론은 요셉의 삶 속에서 볼 수 있는 것과 같은 하나님의 깊고 깊은 선한 섭리를 표현하려는 교리입니다.

예정론은 하나님이 요셉의 형들과 보디발의 아내의 악한 마음까지도 사용하고 있다는 하나님의 섭리에 대한 고백입니다. 예정론은 삼라만상과 인간의 삶과 역사 속에 들어있는 하나님의 통치와 하나님의 뜻에 대한 고백입니다. 예정론은 사건의 우연성에 대한 믿음을 반대합니다.

"참새 두 마리가 한 앗사리온에 팔리는 것이 아니냐 그러나 너희 아버지께서 허락지 아니하시면 그 하나라도 땅에 떨어지지 아니하리라"(마 10:29).

예정론은 하나님의 선하신 돌보심에 대한 신앙입니다. 그것은 세상의 모든 사건 속에 하나님의 섭리가 존재하고 이 섭리는 궁극적으로 선을 이룬다는 신앙을 표현하는 교리의 핵심입니다.

예정론은 구원이 전적으로 하나님의 은혜에 의존한다는 것을 가르치는 교리입니다

예정론은 우리의 구원이 시작부터 마지막까지 하나님의 은혜라는 것을 전하는 교리입니다. 예정론은 인간의 자유의지를 희생시키는 교리도 아니고 전도를 불필요하게 만드는 교리도 아닙니다. 이런 부작용이 17세기의 옛 칼빈주의 정통주의 속에는 일부 존재하지만 이는 예정론에 대한 잘못된 발전에서 기인된 것이었습니다. 예정론은 인간의 심각한 타락과 무능을 깊이 알고 있는 교리입니다. 아침저녁으로 변하는 인간의 결심의 허약함을 잘 아는 교리가 예정론입니다. 인간의 타락과 반역, 역사 속에 나타난 인간의 심각한 죄악은 인간이 결코 구원에 이를 수 없다는 사실을 적나라하게 드러냅니다. 하나님께서 세상을 창조하시고 인간을 창조하실 때, 인간에게 자유를 부여하셨습니다. 그런데 인간에게 자유를 부여하심은 엄청난 위험을 내포하는 일이었습니다. 왜냐하면 자유를 부여받은 인간이 그 자유로 엄청난 악을 행할 것이기 때문이었습니다. 죄를 범하고, 악의 역사를 만들고, 하나님께 반역하는 인간은 결국 심판을 받아 지옥으로 가야할 것입니다. 하나님께서는 인간을 창조하시고, 인간에게 자유를 부여하실 때에 이미 이 사실을 잘 알고 계셨습니다.

예정론은 천지를 창조하기 전에 결정된 하나님의 놀라운 은총의 계획이었습니다. 하나님께서는 천지를 창조하시기 전에 이미 예수 그리스도를 예비하셨습니다. 천지창조와 인간의 창조는 그리스도의 죽음이 전제된 창조였습니다. 하나님의 고난과 성자 예수 그리스도의 죽음이 전제된 창조가 천지 창조이고 인간의 창조입니다. 인간에게 부여된 자유는 성자의 죽음이 전제되어 있는 자유입니다.

하나님께서는 천지를 창조하고 인간을 창조하시기 전에 이미 예수 그리스도를 예비하셨을 뿐만 아니라, 그리스도 안에서 우리를 택하시고 구원하시기로 작정하셨습니다. 인간은 자신에게 부여된 자유로 죄를 범하고 어마어마한 악의 역사를 만들지만, 하나님께서 어마어마한 은총으로 인간의 죄악을 덮고, 우리를 살려내시려고 영원 전에 작정하신 것입니다. 이 작정은 역사 속에서 구현되었고, 지금도 구현되고 있습니다. 인간의 자유에만 맡기면 그 누구도 구원에 이르지 못합니다. 예수 그리스도를 믿는 일도 불가능합니다. 왜냐하면 하나님께 대한 인간의 반역은 너무나 깊고, 거짓말하는 마귀가 세상에서 깊게 활동하기 때문입니다.

"성령으로 아니하고는 누구든지 예수를 주시라 할 수 없느니라"(고전 12:3)라고 말씀하신 바울의 가르침을 깊이 생각해야 합니다. 어떤 사람들은 예수 그리스도를 믿느냐 혹은 믿지 않느냐의 문제는 인간의 자유에 근거한다고 주장합니다. 물론 인간의 자유에 근거하고 있습니다. 그러나 이미 자세히 언급한 것처럼 하나님의 부르심과 선택이 없으면 결코 예수 그리스도를 믿지 못합니다. 인간은 예수 그리스도를 믿고 난 뒤에 비로소 자신의 믿음이 자신의 결단에 근거한 것이 아니고 하나님의 선택과 부르심에 근거한 것이라는 것을 알게 됩니다.

우리의 구원은 우리의 자유나 결단에 근거한 것이 아닙니다. 그것은 하나님으로부터 오는 놀라운 은총의 선물입니다. 우리의 반역과 죄악에도 불구하고 이 놀라운 은총이 우리에게 주어진 것입니다. 우리가 예수 그리스도를 믿고 난 뒤에도 얼마나 자주 곁길로 갑니까! 하나님의 은총이 없으면 결국 우리는 곁길로 가서 지옥의 문으로 들어갈 것입니다. 인간의 자유와 결단이 위대한 것이 아닙니다! 오직 하나님의 은혜가 위대한 것입니다! 우리의 구원이 인간의 결단 50%와 하나님의 은혜 50%로 구성된 것이 아닙니다. 인간의 결단 10%와 하나님의 은혜 90%로 구성된 것도 아닙니다. 인간의 자유와 결단이 있었음에도 불구하고 그것이 우리의 구원을 이룬 것이 아니라는 것을 말하는 것이 예정론입니다. 오직 하나님의 어마어마한 은혜가 우리의 구원의 시작부터 마지막까지 역사하셨다는 것을 만방에 이야기하려는 것이 예정론입니다.

맺으며

우리의 신앙은 결코 우연적인 것이 아닙니다. 우리의 신앙이 우연히 어느 날 결정을 잘했기 때문이라고 믿는 사람은 신앙의 본질에 대해 정확히 인식하고 있지 못한 사람입니다. 전통적 예정론이 우리의 신앙이 하나님의 선택에 근거하고 있다고 주장한 것은 매우 잘한 것입니다. 그러나 17세기의 전통적 예정론은 하나님의 예정을 기계론적인 경향으로 언급함으로 말미암아 하나님의 예정과 인간의 자유의지 사이에 심각한 갈등상황을 야기시켰고 복음전파의 진지함을 파괴시킬 여지를 남겨놓게 되었습니다.

예정론은 기계론적인 어떤 것이 아니고 하나님의 선행하는 은총을 표현하는 교리이고 신앙의 우연성과 무상성을 반대하는 교리입니다. 예정론은 예수 그리스도 안에 나타난 하나님의 사랑의 신실성과 변치 않음을 나타내는 교리입니다. 예정론은 사변적이고 추상적인 어떤 교리가 아닙니다. 예정론은 신앙의 깊이와 무게를 더하는 교리로서 예수 그리스도 안에 나타난 하나님의 은총과 사랑과 계획과 경륜을 그 중심에 담고 있는 복음의 핵심을 표현하는 교리입니다.

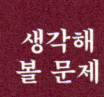

1. 내가 예정되었다는 것은 어떻게 알 수 있을까요?
2. 지옥갈 사람도 하나님께서 예정하실까요?
3. 하나님께서는 만인을 구원으로 예정하셨을까요?
4. 죄의 책임은 사람에게 있는 것일까요? 하나님께 있는 것일까요?
5. 전도는 안해도 괜찮은 것일까요? 아니면 계속 열심히 해야 하는 것일까요?

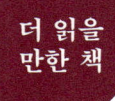

L. Boettner, The Reformed Doctrine of Predestination, 홍의표 역.『칼빈주의 예정론』.

김명용.『칼 바르트의 신학』.

김명용.『현대의 도전과 오늘의 조직신학』.

인간론

인간의 가능성과 절망성과 새로운 가능성

백 충 현

ом
인간론

장 칼뱅은 『기독교강요(최종판)』의 첫부분에서 하나님에 관한 지식과 인간에 관한 지식이 서로 연결되어 있다고 말하였습니다. 즉, 하나님에 관한 지식과 인간에 관한 지식이 상관관계를 맺고 있다는 것입니다. 칼뱅은 다음과 같이 말하였습니다. "사람은 먼저 자기 생각을 돌려 자기가 '힘입어 살며 기동'(행 17:28)하고 있는 바 하나님을 응시하지 않고는 아무도 자신을 살펴볼 수가 없는 것이다."(『기독교강요(최종판)』, I. 1. i) "한편 인간은 분명히 먼저 하나님의 얼굴을 응시하고 나서 다음으로 자신을 세밀히 검토하지 않는 한 결단코 자신에 대한 참된 지식에 도달하지 못한다."(『기독교강요(최종판)』, I. 1. ii) 그러므로 인간이 누구이며 무엇인지를 탐구하는 인간론을 온전히 전개하기 위해서는 하나님과의 연관성 속에서 살펴보아야 합니다. 이 장에서는 하나님의 선한 창조와 인간의 타락과 하나님의 최종적 구속을 각각 인간의 가능성, 인간의 절망성, 인간에게 주어진 새로운 가능성의 관점으로 살펴보고자 합니다.

인간의 가능성 - 선한 창조(Good Creation)

인간을 이해하기 위해서는 먼저 하나님의 창조를 살펴보아야 합니다. 창세기 1장 1절에 따르면, "태초에 하나님이 천지를 창조하시니라" 즉, 하나님께서 천지창조를 하셨습니다. 천지창조는 곧 세계창조이며 우주만물의 창조입니다. 이로써 하나님은 창조주(Creator)가 되시고 우주만물은 피조물(creature)이 됩니다.

하나님께서는 우주만물을 창조하실 때에 하나님의 말씀과 하나님의 영으로 창조하셨습니다. "하나님이 이르시되"(창 1:6, 9, 11, 14, 20, 24, 26, 29)에서 알 수 있는 것처럼 하나님께서 창조의 과정마다 말씀으로 창조하셨습니다. 그리고 "하나님의 영은 수면 위에 운행하시니라"(창 1:2)에서 알 수 있는 것처럼 하나님의 영이 창조과정에 함께 참여하셨습니다.

삼위일체 하나님의 이러한 창조는 무(無)로부터의 창조(creatio ex nihilo / creation out of nothing)를 의미합니다. "땅이 혼돈하고 공허하며 흑암이 깊음 위에 있고"(창 1:2)라는 말씀이 무로부터의 창조를 알려줍니다. 이것은 하나님 외에 다른 어떤 물질도 선재하지 않음을 의미하며, 또한 하나님 외에 어떤 다른 존재도 창조주가 될 수 없음을 의미합니다. 창세기 1장 1절에 있는 "창조하시니라"의 단어는 히브리어로 "바라"가 사용되었습니다. 기존의 재료를 가지고 무언가를 만들어내는 것을 의미하는 히브리어 "아사" 또는 "야찰"과는 달리, "바라"는 아무것도 없는 무의 상태에서 어떤 것을 만들어내는 행위를 가리킵니다.

창조의 과정마다 하나님께서 좋아하셨습니다. 빛과 어두움을 창조하셨고, 궁창을 창조하셨고, 땅, 바다, 풀, 채소, 과목을 창조하셨고, 해와 달과 별들을 창조하셨고, 물고기와 새를 창조하셨고, 가축과 기는 것과 땅의 짐승을 창조하셨습니다. 이러한 창조의 과정마다 성경은 "하나님이 보시기에 좋았더라"(창 1:4, 10, 12, 18, 21, 25)고 말씀합니다. 즉, 창조는 하나님의 관점에서 선한 창조(good creation)이었습니다.

창조의 순서에서 인간을 마지막으로 창조하셨습니다. 그리고 하나님께서는 매우 좋아하셨습니다. 그만큼 인간창조의 날에 특별한 의미가 부여되었습니다. 그렇다고 과도한 인간중심적(anthropocentric) 해석은 경계해야 합니다. 창세기 1장 31절에서 "하나님이 지으신 그 모든 것을 보시니 보시기에 심히 좋았더라"고 말씀하기 때문입니다. 즉, 하나님은 인간만을 보시고 심히 좋아하셨던 것이 아니라 그 모든 것을 보시고 심히 좋아하셨기 때문입니다. 과도한 인간중심적인 해석은 경계해야 하겠지만, 그럼에도 불구하고 선한 창조에서 인간이 특별한 의미를 지니고 있음을 암시적으로 알 수 있습니다.

선한 창조 속에서 인간이 특별한 지위를 지니고 있음을 명시적으로 알려주는 것은 인간이 하나님의 형상으로 창조되었다고 말씀하는 구절입니다. "하나님이 이르시되 우리의 형상(image)을 따라 우리의 모양(likeness)대로 우리가 사람을 만들고 … 하나님이 자기 형상(image) 곧 하나님의 형상(image)대로 사람을 창조하시되 남자와 여자를 창조하시고"(창 1:26-27)라고 성경은 말씀합니다.

또한, 선한 창조 속에서 인간이 특별한 지위를 지니고 있음을 명시적으로 알려주는 것은 하나님께서 인간에게 주신 복과 특권과 사명에서 드러납니다. "하나님이 그들에게 복을 주시며 하나님이 그들에게 이르시되 생육하고 번성하여 땅에 충만하라, 땅을 정복하라, 바다의 물고기와 하늘의 새와 땅에 움직이는 모든 생물을 다스리라 하시니라 … 모든 채소와 … 모든 나무를 너희에게 주노니 너희의 먹을 거리가 되리라"(창 1:28-29).

그러므로 과도한 인간중심적인 해석은 경계하여야 하겠지만, 선한 창조 속에서 인간이 특별한 지위를 부여받고 있음을 암시적으로 및 명시적으로 알 수 있습니다.

인간은 하나님의 "형상"과 "모양"대로 창조되었다고 성경은 말씀합니다. "형상"은 히브리어로 첼렘(zelem)이고 라틴어로 이마고(imago)입니다. "모양"은 히브리어로 데무트(demut)이고 라틴어로 시밀리투도(similitudo)입니다. 중세까지의 신학에서는 두 단어를 분리하여 이해하면서 "형상"은 자연적인 은혜로, "모양"은 "초자연적인 은혜"로 해석하였습니다. 그리고 인간의 타락으로 "모양"은 상실되었으나 "형상"은 손상되지 않고 남아있다고 해석하였습니다. 그러나 종교개혁과 그 이후의 신학에서의 연구에 따르면, "형상"과 "모양"은 동일한 단어의 반복을 피하기 위하여 사용된 용어들로 모두 동일한 의미를 지니고 있다고 여겨지고 있습니다. 그래서 두 단어를 "형상"으로 통칭하여 사용할 수 있습니다.

그렇다면 "하나님의 형상"(imago Dei, 이마고 데이)은 무슨 의미입니까? 기존에는 네 가지 입장들이 있습니다. 첫째는 하나님의 형상을 인간이 하나님과 신체적으로 닮았다고 해석하는 입장입니다. 하나님의 모습을 인간의 모습으로 표현하는 신인동형론(anthropomorphism)이 성경 안에 있지만, 그렇다고 문자적으로 하나님의 신체성을 가리킨다고 보기는 어렵습니다. 왜냐하면 성경은 하나님의 초월성과 감추어짐을 더 강조하기 때문입니다.

둘째는 하나님의 형상을 인간의 이성적 본성으로 여기는 입장입니다. 인간의 이성에 높은 가치를 두는 장점이 있으나 인간실존의 감정적 또는 육체적 차원이 평가절하되는 약점이 있습니다.

셋째는 인간이 땅에 대해 부여받은 지배권을 하나님의 형상으로 여기는 입장입니다. 이러한 입장은 모든 관계를 위계질서적으로 이해하는 세계관과 결부되어 있으며, 영혼/육체, 남자/여자, 인간/자연 등등의 이분법적 사고와 연관되어 있습니다. 그래서 근대의 자연파괴, 가부장제, 인종차별, 식민주의 등등 타자지배를 정당화하는 데에 이용되기도 하였습니다.

    넷째는 하나님의 형상을 인간의 자유라고 해석하는 입장입니다. 인간의 본질을 자유롭고, 자기결정적이며, 자기초월적인 존재로 이해하는 데에 장점이 있습니다. 그러나 근대문화와 모더니즘에서 인간을 타자로부터 분리된 주체로 이해하는 입장을 지니게 하는 약점이 있습니다.

    위와 같은 네 가지 입장들이 충분히 만족스럽지 못하기 때문에 오늘날의 삼위일체신학에서는 인간이 하나님 및 다른 피조물들과 맺는 '관계성'을 하나님의 형상으로 여기고 있습니다. 칼 바르트, 에밀 부르너, 다니엘 밀리오리를 포함한 다수의 현대 신학자들이 이러한 입장을 주장합니다. 특히, 바르트는 하나님의 형상으로 창조된 인간은 남자와 여자로 창조된 것을 근거로 인간은 본래적으로 다른 인간과 함께 존재하는 공동존재이며 관계성이 있음을 강조하였습니다. 즉, 인간됨의 본질은 상호 존중과 사랑의 관계 속에서 자유와 기쁨을 느끼며 사는 삶을 의미한다고 주장하였습니다. 이것은 하나님 자신이 고독이 아니라 교제와 사귐 속에서 영원히 사시는 삶을 가지시며 이러한 삶을 인간창조와 세계창조에도 반영하고자 하셨기 때문입니다.

    하나님은 인간을 창조하실 때에 복을 주시며 생육하고 번성하고 충만하고 정복하고 다스리라고 사명을 주셨습니다. 이와 같은 복과 사명을 이해하는 데에도 여러 입장들이 있습니다. 첫째는 위계질서적인 정복으로서의 다스림으로 이해하는 입장입니다. 이러한 입장은 모든 관계를 위계질서적으로 이해하는 세계관과 결부되어 있고, 또한 영혼/육체, 남자/여자, 인간/자연 등등의 이분법적 사고와도 연관되어 있습니다. 그래서 근대의 자연파괴, 가부장제, 인종차별, 식민주의 등등과 연결되어 타자를 지배하는 것을 정당화하는 데에 이용되기도 하였습니다.

둘째는 문화명령(Cultural Mandate)으로서의 다스림으로 이해하는 입장입니다. 하나님의 형상으로 지어진 인간이 하나님의 주권을 위임 받아서 피조세계를 다스리되, 청지기의 자세로서 피조세계를 잘 돌보고 관리하라는 의미로 이해하였습니다. 정치와 경제와 사회와 문화와 예술 등등의 삶의 모든 영역들에서 피조세계를 잘 돌보고 관리하라는 의미로 이해하였습니다. 이러한 이해에는 장점이 있음에도 불구하고 인간-세계 사이의 질적인 구별과 분리의 요소가 여전히 잔존하는 약점이 있습니다.

그래서 현대 삼위일체신학에서는 하나님께서 인간에게 주신 복과 사명으로서의 다스림을 삼위일체적 관계성이 반영되는 다스림으로 이해하는 입장을 제시합니다. 즉, 인간과 세계 사이의 상호 존중과 사랑을 강조합니다. 그래서 인간과 자연 사이의 위계적, 파괴적, 분리적 관계를 극복하고자 합니다. 무엇보다, 삼위일체적 사랑이 확장되어 가는 것을 비전과 목적으로 삼고 중요시하는 입장입니다.

인간을 창조하시는 구체적인 과정에 관하여 성경은 "여호와 하나님이 땅의 흙으로 사람을 지으시고 생기를 그 코에 불어넣으시니 사람이 생령이 되니라"(창 2:7)고 말씀합니다. 하나님께서는 땅의 흙먼지로 사람을 지으셨습니다. 땅은 히브리어로 '아다마'입니다. 그래서 땅의 흙먼지로 지으니 사람, 즉 아담이 되었습니다.

그런데, 인간 창조에서 더 중요한 점은 하나님께서 사람의 코에 생기, 즉 숨을 불어넣으신 것입니다. 숨은 히브리어로 '네페쉬'입니다. '불어넣다' 또는 '숨쉬다'의 뜻을 지닌 동사 '나파'의 명사형입니다. 하나님께서 사람의 코에 숨을 불어넣자 생령, 즉 살아있는 영(네페쉬 하야)가 되었습니다.

즉, 인간은 단순히 물질적인 존재나 신체적인 존재가 아니라, 생명이 있어 살아있는 영으로서의 존재가 되었습니다. 이러한 점을 고려하면, 인간의 존재는 특별한 의미와 가치가 있다고 볼 수 있습니다.

창세기 2장 8절에 따르면, 하나님께서 인간을 창조하실 때에 에덴동산을 창설하시고 사람을 거기에 두셨습니다. 에덴(Eden)은 기쁨, 풍요, 세련 등등의 뜻을 지니기에, 에덴동산은 하나님의 동산으로서 기쁨으로 가득한 곳입니다. "나 여호와가 시온의 모든 황폐한 곳들을 위로하여 그 사막을 에덴같게, 그 광야를 여호와의 동산같게 하였나니 그 가운데에 기뻐함과 즐거워함과 감사함과 창화하는 소리가 있으리라"(사 51:3). 기쁨으로 가득한 에덴동산에서 인간의 삶의 본연의 모습은 다른 피조물의 관계, 동료 인간과의 관계, 그리고 하나님과의 관계가 아름다운 관계의 삶이었습니다.

첫째, 인간과 다른 피조물과의 관계가 아름다운 삶이었습니다. 하나님께서 땅에서 보기에 아름답고 먹기에 좋은 나무가 나게 하셨고(창 2:9), 인간은 모든 가축과 공중의 새와 들의 모든 짐승에게 이름을 지어주었습니다(창 2:20). 인간으로 하여금 동산을 경작하며 지키게 하시고 임의로 먹게 하셨습니다(창 2:15-17). 여기에서 경작하다는 말은 히브리어로 '아바드'인데, '일하다' 또는 '섬기다(serve)'의 뜻을 가집니다. 즉, 땅을 경작하는 것은 인간의 편의를 위한 무분별한 개발이나 훼손을 의미하지 않고 섬기는 자세로 관리하는 것을 의미합니다. 지키다는 말은 히브리어로 '샤마르'인데, 세심한 관심을 가지고 지켜보고 보존하고 주의를 기울이는 것을 의미합니다.

둘째, 인간과 인간과의 관계가 아름다운 삶이었습니다. 인간이 혼자 사는 것이 좋지 아니하여 '돕는 배필'을 지으셨습니다. '돕는 배필(에제르 크베네도)'은 누군가에게 어울리는 적합한 조력자 또는 상대자로서 대등한 관계를 전제합니다. 한 사람이 다른 사람에게 복종하는 종속적인 관계를 함의하지 않습니다. 아담의 갈빗대 하나를 취하고 그 갈빗대로 여자를 만드신 것과 아담이 하와에게 "이는 내 뼈 중의 뼈요 살 중의 살이라"(창 2:23)고 말하는 것은 두 사람 사이의 친밀함과 동등함이 있음을 의미합니다. 또한, 두 사람이 벌거벗었으나 부끄러워하지 아니할 정도로 친밀함의 관계이었습니다(창 2:25). 남자가 부모를 떠나 그의 아내와 합하여 둘이 한 몸을 이루라는 말씀처럼(창 2:24) 에덴동산에서의 두 사람의 관계는 일치의 삶이었습니다.

셋째, 인간과 하나님과의 관계가 아름다운 삶이었습니다. 동산 가운데에는 생명나무와 선악을 알게 하는 나무가 있었습니다(창 2:9). 모든 것을 먹을 수 있도록 하셨지만, 선악을 알게 하는 나무의 열매는 먹지 말라고 하였습니다. 먹는 날에는 반드시 죽을 것이라고 하셨습니다(창 2:17). 인간은 선악과(the tree of knowledge of good and evil), 즉 선악을 알게 하는 나무의 열매를 따먹지 않는 자유를 행사함으로써 하나님과의 관계가 아름답게 유지될 수 있었습니다.

이와 같이 에덴동산에서의 본래의 삶의 모습들은 하나님께서 창조하신 창조세계 속에서 하나님과의 관계가 아름답고, 이웃과의 관계가 아름답고, 다른 피조물과의 관계가 아름다웠습니다.

이러한 상태에서의 인간에게는 많은 가능성이 있었습니다. 하나님 안에서 인간의 자기초월(self-transcendence), 인간의 세계개방성(world-openness), 그리고 인간의 외심성(exocentricity)의 가능성이 있었습니다. 인간의 자기초월은 주어진 환경과 조건 속에 갇히지 않고 초월하며 자유를 행사하는 삶을 가리킵니다. 인간의 세계개방성은 세계에 대해서 열려 있고 세계를 받아들일 수 있는 삶을 가리킵니다. 인간의 외심성은 경험의 대상에 의해, 타자와의 관계에 의해 인간 자신 밖으로 이끌려나가는 삶을 가리킵니다. 볼프하르트 판넨베르크는 인간의 자기초월과 세계개방성에 관해서 인간의 독특한 특성을 규명하려고 노력하는 현대 인간학자들 사이에 광범위한 일치점이 있다고 말합니다.

인간의 절망성 - 타락(Fall)

그러나 인간의 가능성은 타락에 의하여 인간의 절망성으로 뒤바뀌어 버립니다. 타락이 일어난 원인은 불신 또는 불순종, 교만함, 자유의 오용이라고 말할 수 있습니다.

첫째, 불신 또는 불순종은 하나님의 말씀을 전적으로 신뢰하지 못하고, 하나님 이외의 다른 존재인 뱀의 말을 더 신뢰함으로써 생겨난 결과이었습니다. 하나님의 뜻을 거역하는 존재인 뱀은 사람에게 "하나님이 참으로 너희에게 동산 모든 나무의 열매를 먹지 말라 하시더냐?"(창 3:1)고 물음으로써 하나님의 말씀에 대한 의문을 품게 하였습니다. 또한, 뱀은 사람에게 "너희가 결코 죽지 아니하니라"(창 3:4) 그리고 "너희가 그것을 먹는 날에는 너희 눈이 밝아져 하나님과 같이 되어 선악을 알 줄 하나님이 아심이니라"(창 3:5)고 말함으로써 하나님의 말씀에 대한 불신 또는 불순종을 유도하였습니다. 그러자 하와의 마음이 흔들렸습니다.

둘째, 교만은 선악의 판단을 하나님께 맡기지 아니하고 인간 스스로가 선악을 판단하는 주체가 되는 것을 의미합니다. 사람의 마음이 흔들리기 전에는 모든 기준이 하나님에게 있었습니다. "여호와 하나님이 그 땅에서 보기에 아름답고 먹기에 좋은 나무가 나게 하시니"(창 2:9). 그러나 하나님의 말씀에 대한 불신 또는 불순종의 마음이 싹트자 인간 자신이 모든 것의 판단기준이 되었습니다. "여자가 그 나무를 본즉 먹음직도 하고 보암직도 하고 지혜롭게 할 만큼 탐스럽기도 한 나무인지라"(창 3:6).

셋째, 자유의 오용은 인간이 하나님의 형상으로 지음을 받고 살아있는 생령으로서 살아가는 존재로서 자유롭게 하나님을 예배하는 삶을 살 수 있었는데, 그러지 못함을 의미합니다. 인간에게 주어진 자유를 온전히 사용함으로써 전적인 자유로 섬기고 예배하는 삶을 사는 것이 하나님과의 아름다운 관계의 삶이었는데, 오히려 그 자유를 오용하거나 남용함으로써 하나님과의 아름다운 관계가 깨어지게 되었습니다.

타락의 결과로 많은 증상들이 드러나게 되었습니다. 인간이 자신과의 관계에서, 하나님과의 관계에서, 동료인간과의 관계에서, 다른 피조물과의 관계에서 아름다움의 관계가 모두 깨어져 버렸습니다. 그리고 이로 인한 타락의 증상들이 여러 양상들로 나타나게 되었습니다.

첫째, 인간 자신과의 아름다운 관계가 깨졌습니다. 인간 자신의 눈이 밝아지고 자신의 벗음을 알고 부끄럽게 여기게 되었습니다. "이에 그들의 눈이 밝아져 자기들이 벗은 줄을 알고 무화과나무 잎을 엮어 치마로 삼았더라"(창 3:7). 인간 자신의 부끄러움 또는 수치심을 느끼게 되어 자신의 벗은 몸을 잎으로 가리고 덮었습니다. 이것은 인간이 자신과의 관계에서 스스로 소외된 관계가 생겨났음을 의미합니다.

둘째, 하나님과의 아름다운 관계가 깨졌습니다. 동산을 거니시는 하나님의 소리를 듣고 하나님의 낯을 피하였고 동산 나무 사이에 숨었습니다(창 3:8). 하나님의 소리를 듣고 "내가 벗었으므로 두려워하여 숨었나이다"(창 3:10)라고 말하였습니다. 타락 후에는 하나님과의 관계가 계속해서 멀어지게 되었습니다. 그래서 하나님을 알되 하나님을 영화롭게도 하지 않고 하나님께 감사하지도 않습니다. 오히려 인간의 생각이 허망하여지고 미련한 마음이 어두워졌습니다. 인간은 스스로 지혜롭다고 자처하지만 실상은 아주 어리석게 되었습니다. 그래서 하나님을 장차 썩어질 것들로 바꾸었습니다. 즉 앞으로 썩어질 사람과 새와 짐승과 기어다니는 동물 모양의 우상으로 바꾸었습니다(롬 1:21-23).

셋째, 동료 인간과의 아름다운 관계가 깨졌습니다. 인간은 자신의 잘못된 행동에 대하여 자기변명만을 내어놓고, 또한 동료인간에 책임을 떠넘기는 책임전가를 하였습니다. 아담은 "하나님이 주셔서 나와 함께 있게 하신 여자 그가 그 나무 열매를 내게 주므로 내가 먹었나이다"(창

3:12)고 말하면서 선악과 열매를 따먹은 자신의 행동에 대한 책임을 여자에게, 그리고 하나님에게 은근히 떠넘겼습니다. 하와도 마찬가지입니다. "뱀이 나를 꾀므로 내가 먹었나이다"(창 3:13)고 말함으로써 뱀에게 책임을 전가하였습니다. 그러니 타락 후의 인간의 모습은 악한 일들로 가득하게 되었습니다. 예수님께서 지적하시는 것처럼, 인간의 마음으로부터 악한 생각과 간음과 음란과 도적질과 거짓 증언과 비방이 모두 나옵니다. 그리고 이러한 것들이 인간을 진정으로 더럽게 합니다(마 15:19-20).

넷째, 다른 피조물과의 아름다운 관계가 깨졌습니다. 인간의 타락으로 말미암아 땅이 저주를 받았습니다. "… 땅은 너로 말미암아 저주를 받고 너는 네 평생에 수고하여야 그 소산을 먹으리라 … 얼굴에 땀을 흘려야 먹을 것을 먹으리니 …"(창 3:17-19). 이전에는 땅을 섬기고 돌보는 아름다운 관계였다면, 이제는 저주받은 땅에 대하여 땀을 흘리며 평생 수고하여야 먹을 수 있게 되었습니다. 인간의 타락으로 인하여 다른 피조물도 허무함에 굴복된 상태에 처하게 되었고 썩어짐의 종노릇의 상태에 빠지게 되었습니다(롬 8:19-22).

그러므로 타락 후의 인간은 전적인 절망성에 빠지게 되었습니다. 인간의 자기초월, 세계개방성, 외심성이 부분적으로 가능하기는 하지만, 그러한 가능성조차도 확증할 수 없는 상태가 되었습니다. 오히려 인간으로부터 모든 불의, 추악, 탐욕, 악의, 시기, 살인, 분쟁, 사기, 악독, 수군거림, 비방, 교만, 자랑, 악의 도모, 부모 거역, 우매, 배약, 무정, 무자비 등등과 같은 것들만이 나오는 상태가 되었습니다. 이러한 일들이 잘못된 것임을 알고 죽음에 이르는 것임을 알면서도 도리어 그것들을 행할 뿐만 아니라, 그러한 행위들을 스스로 옳다고 주장하는 상태가 되었습니다(롬

1:28-32). 그러니 타락 후의 인간은 전적인 절망에 처하게 되었다고 할 수 있습니다.

인간에게 주어진 새로운 가능성 - 구원(Salvation)

하나님은 전적인 절망에 빠진 인간을 내버려두지 않으시고, 구속, 혹은 구원의 길로 인도하십니다. 구원의 핵심은 선한 창조에서 본래 인간에게 주어진 하나님의 형상을 회복하는 것입니다. 골로새서 3장 5-10절에 따르면, 그것은 옛사람에서 새사람으로 변화되는 것입니다. 이를 위해서는 먼저 땅에 있는 지체를, 즉 옛사람을 죽이라고 합니다. 구체적으로 음란과 부정과 사욕과 악한 정욕과 탐심을 죽이라고 합니다. 그리고 분함과 노여움과 악의와 비방과 부끄러운 말과 거짓말을 모두 벗어버리라고 합니다.

이와 같이 옛사람을 벗어버리고 땅에 있는 지체를 죽일 수 있는 것은 우리가 새사람으로 변화될 수 있기 때문입니다. 더 정확하게 말하면, 우리는 이미 예수 그리스도를 통하여 새사람을 입었기 때문입니다. 예수 그리스도를 통하여 우리에게는 이미 새로운 가능성이 주어진 것입니다. 그러기에 우리가 할 일은 우리를 창조하신 하나님의 형상을 따라 우리의 지식을 포함하여 모든 부분에서 새롭게 됨을 드러내는 것입니다. 여기서 새사람이란 하나님의 형상을 따라 지식에까지 새롭게 된 자를 의미합니다. 인간의 힘이나 공로나 노력으로 가능한 것이 아니라 예수 그리스도를 통하여 가능하게 되었습니다. 그리고 이러한 가능성을 바탕으로 우리가 하나님의 형상을 따라 모든 부분에 있어서 새롭게 됨을 드러내는 삶을 살 수 있습니다.

옛사람(땅에 있는 지체)	하나님의 형상을 따라	새사람
음란, 부정, 사욕, 악한 정욕, 탐심(우상숭배)		창조하신 이의 형상을 따라 지식에까지 새롭게 하심을 입은 자
분함, 노여움, 악의, 비방, 입의 부끄러운 말, 거짓말		

또한, 에베소서 4장 17-24절에 따르면, 새사람은 예수에게서 듣고 예수 안에서 가르침을 받는 자이며, 심령이 새롭게 된 자이며, 하나님을 따라 의와 진리의 거룩함으로 지으심을 받은 자를 가리킵니다. 마음의 허망한 것으로 행하지 아니하는 것이며, 총명이 어두워지거나 마음이 굳어져서 하나님의 생명에서 떠나지 아니하는 것이며, 무감각하여 방탕에 빠져서 모든 추악한 욕심으로 살지 않는 것입니다. 이럴 수 있는 가능성은 바로 예수 그리스도를 통해서입니다. 참으로 예수 그리스도에게서 듣고 예수 그리스도 안에서 가르침을 받았기 때문입니다. 이제 우리는 그 위에서 유혹의 욕심을 따라 썩어져 가는 구습을 따르는 옛 사람을 벗어 버리면 됩니다. 그리고 우리의 마음과 영혼이 새롭게 되어 하나님을 따라 의와 진리의 거룩함으로 지으심을 받으면 됩니다. 이것이 예수 그리스도를 통하여 우리에게 가능하게 된 새사람의 모습입니다.

옛사람(땅에 있는 지체)	예수 그리스도 (진리)를 듣고 배움	새사람
- 마음이 허망함으로 행함 - 총명이 어두움 - 더러운 것을 욕심으로 행함		- 심령이 새롭게 됨 - 하나님을 따라 의와 진리의 거룩함으로 지으심을 받음

구속 또는 구원으로 인도를 받은 새사람은 하나님의 형상이 회복되어가는 사람이면서 동시에 그리스도께서 자유롭게 하시는 존재입니다. "그리스도께서 우리를 자유롭게 하려고 자유를 주셨으니 그러므로 굳건하게 서서 다시는 종의 멍에를 메지 말라"(갈 5:1).

하나님의 형상을 회복하는 것은 오직 예수 그리스도를 통해서 입니다. 왜냐하면 예수 그리스도는 하나님의 참된 형상이기 때문입니다. 고린도후서 4장 4절에서는 "그리스도는 하나님의 형상이니라"고 말씀합니다. 그리고 골로새서 1장 13-15절에서는 하나님 아버지가 우리를 흑암의 권세에서 건져내사 그의 사랑의 아들의 나라로 옮기셨다고 말씀하면서, 우리 인간이 그 아들 예수 그리스도 안에서 속량 곧 죄 사함을 얻었다고 말씀합니다. 그럴 수 있는 이유는 예수 그리스도가 보이지 아니하는 하나님의 형상이고 모든 피조물보다 먼저 나신 자이기 때문입니다. 히브리서 1장 1-3절에서도 예수 그리스도는 하나님의 영광의 광채이시며 그 본체의 형상이시라고 분명하게 확증합니다. 그러기에 하나님께서 이 모든 날 마지막에 아들이신 예수 그리스도를 통하여 우리에게 말씀하시고 역사하신다고 말씀합니다.

이와 같이 타락으로 인하여 절망에 처한 인간은 성령 하나님 안에서 성자 예수 그리스도를 통하여 하나님의 형상을 회복하여 나아갈 수 있습니다. 바로 이것이 타락하여 하나님의 형상을 상실한 인간에게 하나님의 은혜로 다시 주어진 새로운 가능성입니다. 그러기에 우리는 하나님의 은혜와 사랑 안에서 이 새로운 가능성의 길을 믿음으로 온전히 나아가야 하겠습니다.

생각해 볼 문제

1. 선한 창조 속에서 인간은 "하나님의 형상"으로 창조되었습니다. 하나님의 형상은 구체적으로 무엇을 의미합니까?

2. 타락의 결과로 생겨난 증상들이 인간의 여러 관계들에서 어떻게 드러나고 있습니까?

3. 인간에게 주신 새로운 가능성으로서의 구속 또는 구원의 핵심은 "하나님의 형상"을 회복하는 것입니다. 하나님의 형상을 회복한다는 것은 구체적으로 무엇을 의미합니까?

더 읽을 만한 책

장 칼뱅 지음, 김종흡·신복윤·이종윤·한철하 옮김. 『기독교 강요(최종판)』. 서울: 생명의 말씀사, 1999.

다니엘 밀리오리 지음, 신옥수·백충현 옮김. 『기독교 조직신학 개론: 이해를 추구하는 신앙(개정3판)』. 서울: 새물결플러스, 2016.

호르스트 게오르그 푈만 지음, 이신건 옮김. 『교의학』. 서울: 신앙과 지성사, 2012.

이종성 지음. 『춘계 이종성 저작전집 II권 – 신학적 인간학』. 서울: 한국기독교학술원, 2001.

윤철호 지음. 『기독교신학개론』. 서울: 대한기독교서회, 2015.

그리스도론

너희는 나를
누구라 하느냐?

윤
철
호

그리스도론

들어가는 말

그리스도론 또는 기독론이란 예수 그리스도에 대한 신학이론을 가리킵니다. 기독교는 '예수'를 '그리스도'로 믿는 종교입니다. 예수님이 가이사랴 빌립보에서 제자들에게 "너희는 나를 누구라 하느냐?"고 물으셨을 때, 베드로는 "주(당신)는 그리스도시니이다"(막 8:29)라고 대답했습니다. 기독교는 예수를 그리스도로 고백하는 이 신앙고백과 더불어 시작되었습니다. 여기서 '예수'는 나사렛 출신의 한 사람을 가리키는 이름으로서 고유명사이고, '그리스도'는 다른 사람들이 '예수'에게 붙인 타이틀로서 일반명사입니다. 즉, 기독교인들은 '예수'를 '그리스도'로(as) 믿고 고백하고 따르는 사람들입니다.

그리스도론은 단지 예수란 인물이 누구인지 역사적으로 알아보려는 학문이 아닙니다. 다시 말하면, 그리스도론은 예수의 생애를 본래 모습 그대로 재구성해서 그에 관한 역사적 전기를 쓰려는 학문이 아닙니다. 그리스도론의 중심적인 과제는 '예수'는 '그리스도'라고 고백하는 신앙고백의 의미를 밝혀보려는데 있습니다. 이 과제를 위해서는 '예수'를 '그리스도'로 믿는 믿음이 먼저 요구됩니다. 그리고 자신이 (다른 기독교인들과 더불어) 고백하는 이 믿음의 의미가 무엇인지 올바로 이해하고 자신의 믿음을 점검하고 새롭게 하려는 노력이 필요합니다. 그러므로 그리스도론의 과제는 믿음의 토대 위에서 수행되어야 합니다. 그러나 또한 그리스도론, 즉 '예수'를 '그리스도'로 고백하는 신앙고백의 의미를 밝혀내기 위해서는 '예수'의 구체적인 역사적 현실에 대한 가능한 한 정확한 이해가 있어야 하며, 또한 '그리스도' 명칭(그리고 이 외의 다양한 그리스도론 명칭들)이 '예수'에게 적용된 해석학적 과정에 대한 폭넓은 이해가 있어야 합니다. 그러므로 그리스도론의 과제가 올바로 수행되기 위해서는 믿음과 이성(역사적, 해석학적)이 함께 잘 조화를 이루어야 합니다.

빌립보에서 예수님은 베드로의 신앙고백을 들으신 후에 자신(인자)이 많은 고난을 받고 죽임을 당하게 될 것이라고 말씀하셨습니다. 이 말을 듣고 베드로는 그러한 일이 일어나지 않을 것이라고 항변하였습니다. 그러자 예수님은 "사탄아 내 뒤로 물러가라 네가 하나님의 일을 생각하지 아니하고 도리어 사람의 일을 생각하는도다"(막 8:33)하시면서 베드로를 꾸짖으셨습니다. 이 이야기는 중요한 의미를 함축하고 있습니다. 그것은 베드로가 예수님을 그리스도라고 고백했지만 그 고백의 의미를 잘 몰랐다는 것입니다. 베드로는 그리스도를 왕적 메시아로 생각했습니다. 그는 예수님이 장차 왕이 되어 이스라엘을 다스릴 것으로 생각했기 때문에 예수님이 고난을 받고 죽는다는 것은 있을 수 없는 일로 생각했습니다. 그러므로 "주는 그리스도시니이다"라는 고백이 잘못된 고백은 아니지만 베드로는 실상 그 고백이 진정으로 의미하는 바를 제대로 알지 못했다고 할 수 있습니다. 오늘날도 마찬가지입니다. 많은 사람들이 예수님을 그리스도로, 주님으로, 하나님의 아들로 고백합니다. 그러나 이러한 고백들이 진정으로 의미하는 바는 제대로 알지 못하고 있는 경우가 많이 있습니다. 여기에 올바른 그리스도론의 정립의 필요성이 있습니다.

신약성서의 그리스도론: '메시아(그리스도)', '주', '로고스(말씀)'

그리스도론적 관심을 가지고 신약성서를 읽을 때, 우리는 신약성서에 나타나는 다양한 그리스도론 명칭들과 그 명칭들에 의해 표현되는 다양한 그리스도론들에 주목하게 됩니다. 신약성서 안에는 '메시아(그리스도)', '인자', '지혜', '둘째 아담', '하나님의 아들', '예언자', '주', '말씀(로고스)' 등의 다양한 그리스도론 명칭들이 나타납니다. 이와 같은 신약성서의 다양한 그리스도론 명칭들은 단지 신약성서 저자들의 개인적인 신앙체험의 표현일 뿐 아니라 그들이 처해 있었던 전통의 역사적 영향과 사회 문화적 상황을 반영합니다. 초기 기독교인들은 각기 자신들이 처해 있었던 전통의 역사적 영향과 사회 문화적 상황 속에서 각기 다양한 그리스도론 명칭들을 사용하여 예수에 대한 그리스도론적 신앙을 고백하고 표현했습니다. 스킬레벡스는 예수와 초기 기독교인들의 관계는 제공(offer)과 응답(response)의 관계에 있다고 말했습니다. 초기 기독교인들은 각기 자신의 삶의 자리에서 예수님께 다양한 그리스도론 명칭들을 사용하여 다양한 형태로 응답했습니다. 우리는 이 다양한 형태의 응답들이 성령의 감동 안에서의 신실한 응답들이었다고 믿습니다. 신약성서에 나타나는 다양한 그리스도론은 오늘의 기독교인들이 예수 그리스도 사건에 어떻게 응답해야할지를 보여주는 규범으로서, 최초의 기독교인들처럼 오늘의 기독교인들도 각기 다양한 삶의 자리에서 신실하게 응답할 것을 요구합니다.

신약성서에 나타나는 다양한 그리스도론 칭호들은 대체로 유대적 칭호와 헬라적 칭호로 구별됩니다. 유대적 칭호로는 메시아(그리스도), 인자, 지혜, 영, 둘째 아담, 하나님의 아들, 예언자, 야훼의 종이 있으며, 헬라적 칭호들로는 하나님의 아들, 주, 구주, 말씀(로고스)이 있습니다. '하나님의 아들'은 일반적으로(요한복음) 헬라적 칭호로 나타나지만 유대적 칭호로 볼 수 있는 경우(공관복음)도 있습니다. 유대적 칭호들 가운데 메시아(그리스도), 둘째 아담, 예언자, 야훼의 종, 인자, 하나님의 아들은 예수님의 인성 즉 인간으로서의 모습을 나타내는 칭호이며, 지혜, 영, 천상의 인자는 예수님의 신적 기원을 나타내는 칭호입니다. 인자는 예수님이 자신을 고난당하는 인간으로서 표현할 때 즐겨 사용하신 칭호이면서 동시에 심판자로 강림하는 천상의 신적 존재를 가리키는 칭호이기도 합니다. 하나님의 아들은 유대적 칭호로서는 모세와 다윗과 같은 특별한 하나님의 종들을 가리키는 인성 칭호이지만, 헬라적 칭호로서는 로고스와 같은 신성을 나타냅니다. 초기 교회의 삶의 자리가 유대적 맥락에서 헬라적 맥락으로 바뀜에 따라 그리스도론 칭호들도 유대적 칭호로부터 헬라적 칭호로 대체됩니다. 따라서 초기교회 이후에는 유대적 칭호들은 거의 사라지고 고대교회의 정통 그리스도론 즉 성육신 그리스도론의 형성 과정에서 로고스, 하나님의 아들, 주 같은 헬라적 칭호들이 결정적인 역할을 하게 됩니다. 우리는 그리스도론 칭호들 가운데 중요한 세 가지 명칭에 대한 고찰을 통해 이와 같은 사실을 확인할 수 있습니다.

1. 메시아(그리스도)

가장 중요한 첫 번째 그리스도론 칭호는 '메시아(그리스도)'입니다.

신약성서에서 메시아(그리스도) 칭호는 주로 공관복음서에 나타납니다. 이스라엘 민족은 북이스라엘과 남유다가 망한 이래 예수님이 오실 때까지 오랫동안 메시아를 기다려 왔습니다. 메시아는 '기름부음을 받은 자'란 의미로서 일반적으로 왕을 의미했습니다. 이스라엘의 멸망을 전후로 선지자들은 하나님께서 다윗과 같은 왕을 보내주셔서 이스라엘을 다시 회복시켜주실 것을 예언했습니다. 이스라엘 민족은 이 선지자들의 예언을 믿고 메시아에 대한 희망을 가지고 있었기에 어둡고 암울한 시기들을 견디어낼 수 있었습니다. 예수님 당시에도 많은 사람들이 메시아에 대한 기대를 가지고 예수님께 나아왔습니다. 많은 사람들은 예수님이 메시아라면 이스라엘을 로마제국의 압제로부터 해방시키고 독립과 번영을 가져다 줄 것으로 기대했습니다. 예수님의 제자들도 예외가 아니었습니다. 제자들은 심지어 예수님이 얼마 후에 예루살렘에서 죽음을 당하게 될 상황에서도 예수님이 이제 예루살렘에 올라가 왕이 되면 자신들도 한 자리씩 하게 될 것이라고 기대했습니다(마 20:21).

그러나 예수님이 예루살렘에서 체포되어 재판을 받고 십자가에서 참혹하게 죽음을 당하자, 제자들은 자신들의 기대가 완전히 무너졌기 때문에 두려움과 절망에 사로잡혀 뿔뿔이 흩어져 도망갔습니다. 그러나 그들은 부활의 주님을 다시 만나는 신비한 경험을 통해 다시 모였으며, 성령의 강림을 통해 새로운 능력을 얻음으로써 예수 그리스도의 십자가와 부활을 증언하는 사도로 변화되었습니다. 그리고 그들은 예수님의 메시아 되심의 의미를 새롭게 깨달았습니다. 그것은 예수님이 모든 사람들 위에 군림하는 통치자로서의 왕적 메시아가 아니라 모든 사람들의 죄를 용서하기 위해 자신을 대신 희생하신 고난의 메시아라는 사실이었습니다. 그들은 이사야서와 같은 구약성서 본문들에 기초해서 이와 같은 메시아관을 새롭게 수립했습니다. "그는 실로 우리의 질고를 지고 우리의 슬픔을 당하였거늘 우리는 생각하기를 그는 징벌을 받아 하나님께 맞으며 고난을 당한다 하였노라. 그가 찔림은 우리의 허물 때문이요 그가 상함은 우리의 죄악 때문이라 그가 징계를 받으므로 우리는 평화를 누리고 그가 채찍에 맞으므로 우리는 나음을 받았도다"(사 53:4-5). 그들은 이러한 본문에 기초해서 예수님의 십자가 죽음이 다른 사람들의 죄 용서를 위한 대리적 죽음이었다고 해석했습니다. 신약성서, 특히 바울의 글에 나타나는 구속교리는 고난당하는 메시아상의 정립과 이에 따른 십자가의 의미에 대한 재해석에 기초한 것입니다.

2. 주

그리스도론 칭호들 가운데 중요한 두 번째 칭호는 '주'입니다. '메시아(그리스도)' 칭호가 주로 공관복음서에 나타난다면, '주' 칭호는 주로 바울의 글에 나타납니다. '주'는 히브리어로는 '아도나이'이며 헬라어로는 '퀴리어스'입니다. 이스라엘 백성은 거룩하신 하나님의 이름인 '야훼'를 가급적 사용하지 않고 그 대신 하나님을 지칭하는 3인칭 대명사 '아도나이'를 주로 사용했습니다. 70인역에서 이 히브리어 '아도나이'는 헬라어로 헬라 세계의 신을 가리키는 '퀴리어스'로 번역되었습니다. 평생 동안 헬라세계에 복음을 전했던 바울은 그리스도론 칭호로서 이 '주(퀴리오스)'를 주로 사용하였습니다. 왜냐하면 헬라의 이방인들은 이스라엘의 역사 속에서 형성되고 발전된 '메시아(그리스도)'의 의미를 알지 못했으며, 이미

'예수 그리스도' 또는 '그리스도 예수'가 고유명사처럼 사용되고 있어서 그들이 이해하기 쉬운 그리스도론 명칭으로서 '퀴리오스'가 적합했기 때문입니다. '메시아(그리스도)'가 예수의 인성을 보여주는 칭호라면, '주'는 예수님의 신성을 잘 나타냅니다. '메시아(그리스도)'가 지상에서 예수님과 동거동락했던 제자들의 역사적 기억에 근거한 인성 그리스도론 칭호라면, '주'는 다메섹 도상에서 부활하신 예수님을 신적인 존재로 만났던 바울의 신비한 체험에 기초한 신성 그리스도론 칭호입니다. 바울은 구약성서에서 야훼를 가리키는 본문을 그리스도를 가리키는 본문으로 수정해서 사용했습니다. 예를 들면 그는 요엘 2:32의 "누구든지 야훼의 이름을 부르는 자는 구원을 얻으리라"는 구절을 변용하여 "누구든지 주의 이름을 부르는 자는 구원을 얻으리라"(롬 10:13)로 표현했습니다. 여기서 주는 예수 그리스도를 의미합니다. 따라서 바울은 예수님을 구약성서의 주(아도나이)와 동일시하고 있습니다. 그러므로 바울의 '주' 칭호는 헬라인을 위한 그리스도 명칭이지만 단지 헬라적 그리스도 명칭이라기보다는 내용적으로는 유대적 그리스도 명칭이라고 할 수 있습니다.

바울이 예수님을 주로 고백했다는 것은 그가 예수님의 인성에 대한 충분한 이해를 갖지 못했다거나 또는 그가 유대교의 유일신관을 떠났다는 것을 의미하지 않습니다. 예수님을 둘째(마지막) 아담으로 이해하는 바울의 아담 그리스도론(롬 5:14-21, 고전 15:21-22, 45-47)은 그가 예수님의 인성에 대한 확고한 이해를 가지고 있음을 보여줍니다. 그리고 예수님을 지혜의 성육신으로 이해하는 바울의 지혜 그리스도론(고전 2:7-8)은 그가 유대교의 유일신론 안에 있음을 보여줍니다. 왜냐하면 구약성서에서 '영(루아흐)'처럼 '지혜(호크마)'는 초월적 야훼 하나님의 역사내적 현존 경험을 인격화시켜 표현하는 개념으로서 야훼 하나님과 구별되는 신적 실재가 아니라 바로 야훼 하나님 자신을 지시하기 때문입니다.

3. 로고스(말씀)

세 번째로 중요한 그리스도론 칭호는 '로고스(말씀)'입니다. '로고스'는 요한복음에만 나타납니다. 로고스는 헬라세계에서 신적 존재를 가리킵니다. 헬레니즘의 이원론적 세계관에서 절대자(일자)는 물질적인 세상과 직접 관계를 맺을 수 없기 때문에 중간적 존재인 로고스를 통해서 세상과 관계를 맺는 것으로 이해되었습니다. 스토아 학파에 있어서 로고스는 세계의 질서와 통일을 이루는 세계이성 또는 도덕적, 정신적 삶의 원리와 근거로서 만물 안에 침투해 있으며, 또한 신적인 힘을 가지고 모든 생물에게 생명력을 제공해 줍니다. 로고스 개념이 나타나는 요한복음은 공관복음서(70-90년)나 바울서신(50년대)보다 늦은 100년 경 헬레니즘 세계에서 헬라인들을 대상으로 씌어졌습니다. 그렇기 때문에 탈유대적인 헬라적 개념의 도입과 새로운 신학적 시도가 가능했습니다. 이미 필로라는 유대인 철학자가 유대의 지혜사상과 헬라의 로고스 사상을 연결시키려는 시도를 했었으며 요한 공동체는 이를 알고 있었을 것입니다. 따라서 요한복음의 로고스 개념은 유대의 지혜사상의 관점에서도 이해될 수 있는 개념입니다. 그러나 요한복음의 로고스 개념은 후대에 고대교회에서 삼위일체론이 형성되는 과정에서 결정적으로 중요한 역할을 합니다. 이것은 로고스 개념이 유대교의 전통적인 유일신론 안에서 발전된 지혜 개념과는 달리 그 자체 안에 신적 분화(삼위일체론의 위격(hypostasis))의 가능성을 함축하고 있다는 것을 의미합니다.

공관복음서에 나타나는 '메시아(그리스도)' 칭호가 이스라엘 민족의 역사 속에서 발전된, 그리고 이스라엘의 유일신론의 틀 안에서 형성된 유대적 인성 그리스도론 칭호라면, 그리고 바울서신에 나타나는 '주' 칭호가 부활하신 예수님의 신적 실재에 사로잡힌 바울의 체험에 기초한 유대적(내용적으로) 신성 그리스도론 칭호라면, 요한복음에 나타나는 '말씀(로고스)' 칭호는 요한복음 공동체가 처해 있었던 헬레니즘 세계에서 신적 실재를 나타내는 헬라적 신성 그리스도론 칭호라고 할 수 있습니다. 바울의 '주' 신성 그리스도론이 여전히 유대교적인 유일신관 안에서의 지혜 그리스도론의 범주 안에 있다면, 요한복음의 '로고스' 신성 그리스도론은 유일신론적인 유대교 전통의 지혜 개념과 다신론적인 헬레니즘 세계의 로고스 개념 사이에서 장차 삼위일체론으로의 발전 가능성을 자체 안에 내포하고 있다고 할 수 있습니다. 이 가능성을 현실화시켜 유대교의 유일신론을 넘어서는 새로운 삼위일체론적 신관을 수립한 사람들은 2세기 이후의 고대교회의 교부들입니다.

교회의 역사 속에서 그리스도론은 크게 세 가지 주제를 중심으로 전개되어 왔습니다. 이 세 가지는 성육신 이론, 구속교리, 역사적 예수의 문제입니다. 신약성서 이후의 시대인 고대교회에서는 성육신 이론을 중심으로, 중세교회에서는 구속교리를 중심으로, 그리고 근대 이후에는 역사적 예수와 신앙의 그리스도 문제를 중심으로 전개되었습니다. 이제 이 세 가지 주제들에 대하여 살펴보겠습니다.

성육신 이론

신약성서 시대 이후 교회의 주된 관심사는 예수 그리스도의 인격적 정체성에 관한 것이었습니다. 다시 말하면 예수 그리스도의 신성과 인성의 문제가 주된 주제였습니다. 이 주제를 성육신 이론이라고 부르는 까닭은 약 1세기 말경 "말씀(로고스)이 육신이 되었다"(요 1:14)는 요한복음의 구절에 기초한 성육신 사상이 교회 안에 형성되었기 때문입니다. 그러나 여전히 예수 그리스도의 인격 안에서의 신성과 인성의 문제는 논란의 대상이었습니다. 성육신 이론을 중심으로 한 수백 년 간에 걸친 고대 교회의 논쟁은 한편으로는 순수한 신학적 논쟁이라기보다 교회들 간의 정치적 패권다툼으로 얼룩진 부끄러운 역사임과 동시에 다른 한편으로는 합리적 이성과 구원론적 경건성이 대결했던 투쟁의 역사이기도 했습니다. 이 논쟁은 대략 세 단계에 걸쳐 전개되었습니다.

첫 번째는 예수 그리스도의 신성에 관한 논쟁입니다. 헬레니즘의 이원론적 세계 안에서 하나님은 고난 받거나 죽음을 당할 수 없는 존재로 이해되었습니다. 그러나 예수 그리스도는 십자가에서 고난 받고 죽음을 당했습니다. 그런데 예수 그리스도를 하나님과 동일시하면 하나님이 고난 받고 죽음을 당하는 것이 되기 때문에 이것은 있을 수 없는 일이었습니다. 따라서 하나님의 신성을 보호하기 위해서 아리우스는 예수 그리스도가 하나님과 동일한 본질을 가진 영원한 신적 존재가 아니라 하나님에 의해 창조된, 따라서 존재하지 않은 때가 있었던(영원하지 않은) 유한한 피조물로서 하나님과 유사한 본질(homoiousia)을 가진 신적 존재라고 주장했습니다. 반면에 아타나시우스는 오직 창조주 하나님만이 인간을 구원하는 구속주가 될 수 있으며, 따라서 예수 그리스도는 하나님과 동일한 본질(homoousia)을 가진 신적 존재라고 주장했습니다. 325년의 니케아 공의회에서는 아타나시우스의 견해를 정통교리로 채택했습니다. 여기서 예수 그리스도의 온전한 신성(vere Deus)이 확증됨으로써 삼위일체론의 토대가 마련되었습니다.

두 번째는 예수 그리스도의 인성의 문제입니다. 아폴리나리우스는 예수 그리스도가 다른 인간들처럼 영혼과 육신으로 구성되는 인성을 가지고 있다면 한 인격 안에 두 주체(로고스와 영혼)가 생기기 때문에 인격의 통일성이 위협을 받는다고 생각했습니다. 따라서 그는 예수 그리스도의 인성은 영혼이 없는 육신을 의미한다고 주장했습니다. 이것을 말씀(로고스)-육신 모델이라고 합니다. 이러한 아폴리나리우스의 견해는 카파도키아의 교부들(나지안주스의 그레고리우스, 니사의 그레고리우스, 가이사랴의 바실)에 의해 비판을 받았으며, 381년의 제1차 콘스탄티노플 공의회에서는 말씀-육신 모델을 배격하고 말씀-인간 모델을 채택했습니다. 이로써 영혼과 육신을 가진 예수의 온전한 인성(vere Homo)이 확보되었습니다.

세 번째는 예수 그리스도의 인격 안에서의 신성과 인성의 관계에 관한 문제입니다. 안디옥 학파의 네스토리우스는 예수 그리스도의 인격 안에서 신성과 인성의 연합을 내주(indwelling) 모델로 설명했습니다. 즉 로고스는 인간으로 태어난 예수 그리스도에게 성령을 통해 임재한다는 것입니다. 이 내주 모델을 통해 그는 예수 그리스도의 인격 안에서 신성과 인성 연합으로 인해 혼합되거나 손상되지 않고 각각의 고유한 독자성을 유지함을 말하고자 했습니다. 반면에 키릴루스는 네스토리우스의 내주 모델이 인격의 통일성을 위협한다고 비판하고 위격적 연합(hypostatic union) 모델을 통해 신성과 인성의 연합을 설명했습니다. 그는 인간으로 태어난 예수 그리스도 안에 로고스가 임재하는 것이 아니라 로고스와 예수의 인성이 마리아의 몸에서 위격적 연합을 함으로써 하나님-인간으로서의 예수 그리스도가 출생하는 것이라고 주장했습니다. 따라서 그는 마리아가 단지 인간의 어머니가 아니라 하나님의 어머니(theotokos)라고 불려야 한다고 주장했습니다. 431년의 에베소 공의회에서는 키릴루스의 편을 들어 네스토리우스를 이단으로 정죄했습니다. 그러나 433년에는 양측의 입장을 절충한 통합신조가 발표되었습니다. 통합신조의 내용은 마리아는 하나님의 어머니라는 것과 예수 그리스도는 완전한 하나님이며 완전한 인간이라는 것입니다.

그러나 이러한 통합신조에 반발하여 유티케스는 성육신한 이후에 그리스도는 오직 한 본성만을 가지고 있다고 주장했습니다. 이러한 유티케스의 단성론은 448년의 콘스탄티노플 종교회의에서 정죄되었습니다. 그 후에도 논쟁이 계속되자 동방황제 마르키아누스가 서방(로마)의 레오 감독의 요청을 받아들여 451년 칼케돈에서 제4차 에큐메니칼 공의회를 소집하여 칼케돈 신조를 채택했습니다. 칼케돈 신조의 주된 내용은 다음과 같습니다. 첫째, 예수 그리스도는 신성에 있어서 성부와 동일본질인 참 하나님(vere Deus)이며 인성에 있어서 죄를 제외하고 모든 면에서 우리와 같은 참 인간(vere Homo)이다. 둘째, 예수 그리스도는 이성적 영혼과 육체를 갖고 계신다(말씀-인간론). 셋째, 예수 그리스도의 인격 안에서 신성과 인성이 위격적 연합을 이루는데, 위격적 연합 안에서 두 본성은 혼동되거나 변하거나 나누어지거나 분리되지 않는다.

칼케돈 신조는 예수 그리스도가 한 인격 안에 온전한 신성과 온전한 인성을 가졌다고 천명함으로써, 가현주의적 단성론이나 에비오니즘적 양성론 또는 두 인격론을 극복하고 '한 인격, 두 본성'의 정통 그리스도론을 확립하였습니다. 이 신조는 이후의 모든 기독교 신학이 따라야할 기본적인 신앙의 대전제, 즉 예수 그리스도는 참 하나님이면서 동시에 참 인간이라는 기본적인 문법과 틀을 제공했다는 사실에 역사적 의미가 있습니다. 그러나 칼케돈 신조는 한 인격 안에서의 대립된 두 본성이 어떻게 위격적 연합을 이루고 있는지는 설명한 것은 아니었습니다. 헬레니즘의 이원론적이고 실체론적인 세계관 안에서, 영원하시며 불변하시고 고통당하지 않으시며 전지, 전재, 전능하신 신성과 일시적이며 가변적이며 고통당하며 모든 면에서 유한한 인성이 어떻게 한 인격 안에서 위격적 연합을 이룰 수 있는지를 이해 가능하게 설명하는 것은 불가능한 일이었습니다. 칼케돈 신조는 이 문제에 대한 이해 가능한 해법을 제시한 것이 아니라, 단지 네 가지 부정적인 표현을 통해 두 위격이 연합을 이룬다고 선언한 것뿐입니다. 그리고 칼케돈 이후 성육신의 비밀은 역설적인 방식으로만 이해될 수 있는 하나님의 신비로 받아들여져 왔습니다.

서구의 이원론적, 실체론적 세계관 안에서 성육신 이론의 난제는 상호 배타적이고 모순적인 신성과 인성이 과연 어떻게 한 인격 안에서 위격적 연합을 이룰 수 있는가 하는 것입니다. 인성이 약화되고 감소되는 만큼 신성이 확보되고 증대되며, 그 반대도 마찬가지입니다. 따라서 상호 배타적인 두 위격의 위격적 연합 안에서 인격의 분열과 혼란을 피할 수 있는 길은 인성의 신성화 외에 없다고 유티케스가 생각하고 단성론을 주장한 것은 (잘못된 것이지만) 전혀 근거가 없는 것이 아니었습니다. 또한 칼케돈 신조에서 예수의 참 인성을 확증했음에도 불구하고 실제로 인성의 약화로 인한 내밀한 가현설적 경향이 기독교 역사 속에서 교회 안에 항상 존재해 온 것이 사실입니다. 그러나 성육신의 비밀은 전통적인 이원론적이고 실체론적인 세계관이 붕괴된 오늘날의 비이원론적이고 관계론적인 세계관 안에서 새롭게 이해될 필요가 있습니다. 그리고 이것이 오늘날의 그리스도인들과 신학자들에게 남겨진 영속적인 과제입니다.

구속교리

기독교 역사 속에서 구속교리의 발전과정은 대체로 성육신 이론의 발전과정과 궤를 같이 합니다. 한 사람의 의인이 고난과 죽음을 당하면 많은 사람들이 구원을 얻는다는 의인의 고난사상과 순교자 신학은 예수님 당시의 후기 유대교에서 이미 발전되어 있었습니다. 예수님의 십자가 죽음이 우리의 죄를 위한 죽음이라는 구원론적 해석은 구약성서의 이사야서나 후기 유대교의 의인의 고난 사상과 순교자 신학의 배경 안에서 이루어졌습니다. 그것은 예수님이 죄가 없는 의인으로서 다른 사람들의 죄 용서와 구원을 위해 대신 죽음을 당했다는 것입니다. 유대교에 정통했던 바울은 이와 같은 사상적 배경에 기초하여 예수의 죽음을 인간의 죄 용서와 구원을 위한 희생제물로 이해하는 십자가 구속교리를 수립하였습니다. "이 예수를 하나님이 그의 피로써 믿음으로 말미암는 화목제물로 세우셨으니"(롬 3:25). 바울은 예수님이 첫 번째 아담과 같은 "한 사람"으로서 많은 사람을 의인이 되게 하셨다고 말합니다. "한 사람의 범죄를 인하여 많은 사람이 죽었은즉 더욱 하나님의 은혜와 또한 한 사람 예수 그리스도의 은혜로 말미암은 선물은 많은 사람에게 넘쳤느니라 … 한 사람이 순종하지 아니함으로 많은 사람이 죄인 된 것 같이 한 사람이 순종하심으로 많은 사람이 의인이 되리라"(롬 5:15, 19).

구약성서 시대의 희생제사에 있어서 희생제물은 그 자체 안에 어떤 가치를 가지고 있지 않습니다. 인간의 죄 용서는 전적으로 하나님의 은혜로 주어지는 것이지 바쳐지는 희생제물의 가치에 의해 주어지는 것이 아닙니다. 희생제물은 단지 하나님의 사죄의 은총이 임하는 형식적 매개일 뿐입니다. 희생제물보다 더욱 중요한 것은 진정으로 회개하는 인간의 마음입니다. 그러므로 구약의 희생제사의 관점에서 볼 때, 예수님의 십자가 죽음을 인간의 죄용서를 위한 희생제물로서 이해하는 구속교리에 있어서 희생제물로서의 예수님이 반드시 신적 존재여야 할 필요는 없다고 할 수 있습니다. 이런 의미에서 "한 사람"으로서의 예수님의 구속사역을 강조하는 바울은 구약성서의 희생제사의 관점에서 예수님의 죽음의 구원론적 의미를 이해하고 있다고 볼 수 있습니다.1) 인간으로서의 예수님의 순종하심에 기초하는 구속교리는 하나님 나라를 위한 예수님의 헌신적 삶과 결코 동떨어져서 이해될 수 없습니다. 예수님의 십자가는 한 인간으로서 하나님의 뜻을 이 땅에 이루기 위해 죽기까지 순종하신 그분의 헌신적 삶의 최종적 귀결입니다.

그러나 성육신 이론이 발전되고 예수님의 신성이 확증됨에 따라 고대교회에서 구속교리는 새로운 차원을 맞게 됩니다. 위에서 보았듯이 아

---

1) 물론 바울은 예수 그리스도를 통해 주어지는 모든 구원의 은혜가 하나님으로부터 났다는 사실을 믿었습니다. "모든 것이 하나님께로부터 났나니 그가 그리스도로 말미암아 우리를 자기와 화목하게 하시고 … 이는 하나님께서 그리스도 안에 계시사 세상을 자기와 화목하게 하시며 …"(고후 5:18-19).

타나시우스는 우리를 구원하는 구속주는 창조주 하나님이란 명제를 가지고 아리우스와 대적했습니다. 우리의 구속주는 창조주여야 한다는 명제는 성육신 이론의 구원론적 근거가 됩니다. 즉 만일 구속주가 단지 인간이거나 하나님보다 열등한 제2의 신이라면 인간을 구속할 수 없기 때문에 그분은 창조주 하나님과 동일한 하나님이어야 한다는 것입니다. 또한 고대교회에서는(중세교회나 개신교회와 달리) 성육신 이론 자체가 매우 중요한 구원론적 의미를 갖습니다. 그것은 인간의 구원의 최종목표는 하나님과의 동화를 통한 하나님의 존재에 참여함에 있으며, 따라서 구원은 오직 참으로 하나님이신 그분의 성육신으로만 가능하다는 것입니다. 즉 하나님(말씀)이신 그리스도는 우리로 하여금 하나님처럼 되도록 하기 위해서 인간이 되셨습니다. (이레네우스) 우리가 하나님처럼 되는 이 구원의 최종 목표는 신화(神化)라고 불립니다(벧후 1:4; 요1서 3:2). [2]

구속교리의 핵심적인 논점은 예수님의 죽음이 어떻게 인간의 죄 용서와 인간과 하나님 사이의 화해를 가져왔는가 하는 것입니다. 안셀름의 형벌만족설에 따르면 인간이 하나님의 명령에 불순종하고 죄를 지음으로써 하나님의 명예와 권위를 손상했기 때문에, 인간의 죄의 값을 대신 치르고 하나님의 공의를 만족시키기 위해서 하나님의 아들의 성육신과 십자가 죽음이 불가피하게 필요했다는 것입니다. 개혁주의 전통의 형벌대속설도 기본적으로 이러한 견해를 계승하고 있습니다. 그러나 이 이론

---

[2] 물론 성육신 이론은 예수님의 참 신성만이 아니라 참 인성도 확증합니다. 예수님의 참 신성뿐만 아니라 참 인성도 중요한 구원론적 의미를 갖습니다. 나지안주스의 그레고리우스는 아폴리나리우스의 말씀-육신론을 비판하면서 이렇게 말했습니다. "그가 취하지 않은 것은 그가 치유하지 않았다. 그러나 그의 신성에 연합된 것은 또한 구원을 받는다." 예수님이 우리와 똑같은 영혼과 육체를 가진 인성을 가져야 (단지 육체만이 아닌) 영혼과 육체 전체로서의 인간이 치유를 받고 구원을 받는다는 것입니다.

에서는 하나님이 화해의 주체라기보다는 대상으로 나타납니다. 즉 예수님의 십자가 죽음을 통해 하나님의 공의가 만족되어야 합니다. 그리고 여기서는 하나님의 사랑이 공의의 통제 아래 제한을 받습니다.

그러나 우리는 예수님의 십자가 사건을 무엇보다 하나님의 정의를 만족시키기 위한 인간의 사건이 아니라 인간을 구원하기 위한 사랑의 하나님의 사건으로 이해해야 합니다. 하나님은 화해의 객체이기 이전에 화해의 주체입니다. 하나님은 십자가에서 자신의 아들을 우리를 위해 내어주기까지 우리를 사랑하신 자기희생적인 사랑의 하나님입니다. "자기 아들을 아끼지 아니하시고 우리 모든 사람을 위하여 내주신 이가 어찌 그 아들과 함께 모든 것을 우리에게 주시지 아니하겠느냐"(롬 8:32). 이런 의미에서 하나님께서 사탄의 노예로 사로잡혀 있는 인간을 구하기 위해 자신의 아들을 속전(ransom)으로 지불했다는 고대교회의 고전적 구속교리(승리자 그리스도론)는 (신화론적, 이원론적 약점에도 불구하고) 새롭게 평가될 필요가 있습니다.

결론적으로 통전적 구속교리의 특징은 다음 다섯 가지로 요약될 수 있습니다. 첫째, 통전적 구속교리는 한 사람으로서의 예수님의 하나님 나라를 위한 헌신과 순종의 삶과 그 삶의 최종적 귀결로서의 죽음으로부터 시작되어야 합니다. 둘째, 예수 그리스도의 십자가에서 하나님의 자기희생적인 사랑이 하나님의 공의를 포괄하고 넘어섬으로써 영속적이고 보편적인 인간의 죄용서와 화해의 현실을 가져왔음을 선포해야 합니다. 셋째, 이 하나님의 사랑에 대하여 인간이 믿음으로 응답해야 함을, 그리고 이 응답이 진정한 회개와 그 회개를 구체화하는 삶의 전환으로 나타나야 함을 강조해야 합니다. 넷째, 단지 예수 그리스도의 십자가에만 집중하는 구속교리가 아니라 그분의 성육신, 지상의 삶, 십자가, 부활을 모두 포괄하며, 인간의 칭의, 성화, 신화를 포함하는 구속교리가 되어야 합니다. 다섯째, 오늘날의 사회 정치적 상황과 전 지구적, 우주적 시대에, 개인적 차원을 넘어 사회 정치적 차원에서의 해방과 구원을 포괄해야 하며, 나아가 인간중심적 차원을 넘어 전 창조세계의 구원과 우주의 종말론적 완성을 향해 지평을 확장해야할 필요가 있습니다.

역사적 예수와 신앙의 그리스도

그리스도론의 세 번째 주요 주제는 역사적 예수와 신앙의 그리스도의 문제입니다. 18세기 계몽주의 시대에 성서에 대한 역사적 접근이 발전되고 성서신학이 하나의 독립된 신학분야로 형성됨에 따라 '예수의 생애' 연구가 대두되었습니다. 이 연구는 단지 역사학적 관심에서뿐만 아니라 도그마로부터의 자유를 쟁취하기 위한 동맹자를 얻기 위해 시작되었습니다. 예수의 생애 연구는 레싱이 라이마루스의 유고를 『볼펜뷔텔의 단편들』이라는 표제로 출판함으로써 시작되었는데, 라이마루스는 첫 번째 체계로서의 예수의 가르침과 두 번째 체계로서의 사도들의 가르침을 구별하였습니다. 전자에서 예수님은 하나님 나라를 선포하는데, 후자에서 사도들은 예수 그리스도를 선포합니다. 즉 선포자가 피선포자가 됩니다.

19세기에 이른바 자유주의 신학자들은 공관복음서로부터 예수의 생애를 전기 형태로 재구성하고자 하였으며, 예수님의 신성에 대한 고전적 교리를 평가절하하고 예수님의 인성을 강조하였습니다. 슐라이에르마허는 예수 그리스도와 인간의 유대성을 강조하고 온전한 인간성을 확보하고자 하였습니다. 그는 성육신을 선재적 로고스가 초자연적인 방식으로 인간으로 탄생하는 사건으로가 아니라, 자연적, 진화론적인 세계 또는 우주의 역사의 한 국면으로 이해했습니다. 그는 구속자 예수 그리스도를 두 번째 아담으로 이해했습니다. 그에게 구속자 예수는 죄로부터 자유하며 두 번째 아담 즉 더 완전한 삶 또는 인간 창조의 완성의 출발자입니다. 두 번째 아담 구속자 예수는 죄를 극복했을 뿐만 아니라 인간 창조의 완성이자 미래적 인간성을 위한 패러다임으로서 첫째 아담의 미성숙함으로부터 지금까지 미발달된 인간의 잠재성을 완성합니다. 슐라이에르마허에게 구속이란 믿는 자의 내면에, 그리고 신앙 공동체 안에 가져오는 내적인 변화로서 신자를 예수 그리스도 자신의 하나님 의식의 능력으로 받아들이는 것을 의미했습니다.

19세기 후반에는 리츨과 그의 학파가 신학계를 주도했습니다. 리츨 학파의 특징은 형이상학에 대한 회의주의, 교회의 도그마와 자연신학에 대한 거부, 역사적 예수와 그분의 도덕적 가르침에 대한 관심의 집중, 그리고 영적으로 자유롭게 된 사람들의 공동체로서의 하나님 나라에 대한 강조에 있습니다. 리츨은 그리스도에 대한 평가가 역사적 사실에 기초해야 한다고 주장했습니다. 그는 신약성서에 나타나는 예수 그리스도는 하나님 나라의 도래를 위한 신적 목적을 위한 윤리적 소명을 완전히 실현한 사람이며, 이러한 윤리적인 평가는 하나님의 계시자로서의 그분의 소명에 대한 종교적인 평가를 포함한다고 주장했습니다. 리츨은 형벌대속교리를 거부하고 이에 대한 대안으로 칭의와 화해를 제시했는데, 그에게 칭의란 죄로 인해 하나님으로부터 소외되었던 사람이 죄 용서를 받음으로써 하나님과 연합됨을 의미하고 화해는 하나님의 자녀로 용납된 인간이 신앙과 신뢰 속에서 하나님 나라를 받아들이는 것을 의미합니다.

그러나 19세기 말에 자유주의 신학에 대한 비판적 반동이 일어났습니다. 마틴 켈러는 자료의 불충분으로 인해 예수의 생애를 재구성하는 것은 불가능할 뿐만 아니라, 자료가 충분하다고 하더라도 역사가는 초역사적 구주를 믿는 신자들의 믿음에 도달할 수 없다고 주장했습니다. 그는 성서가 역사적 예수의 상을 구성해낼 수 있는 역사도 아니며, 또한 칼케돈의 언어로 번역될 수 있는 도그마도 아니라고 주장하면서, 역사와 도그마에 대한 대안으로 성서로부터 선포되는 케리그마의 그리스도를 제시했습니다.

켈러가 신약성서로부터 예수에 관한 신뢰할 만한 역사적 현실을 구성하려는 기획 자체를 비판했다면, 바이스는 그러한 역사적 과업이 올바로 철저히 이루어지지 못하였음을 비판했습니다. 그는 역사적 연구의 결과 예수의 가르침과 선포는 윤리적이거나 정치적인 것이 아니라 종말론적이고 묵시적인 환상에 의한 것임이 드러났다고 주장했습니다. 이와 같은 입장에서 슈바이처는 자유주의 신학자들이 예수의 선포가 예수 당시의 역사적 맥락에서, 다시 말하면 묵시사상이 지배하고 있었던 유대교적 사고의 맥락에서 주어졌다는 사실을 제대로 고려하지 못했다고 비판하면서, 예수의 운동을 유대교적인 '철저한 종말론'의 관점에서 이해해야 한다고 주장했습니다.

20세기 초에 역사적 예수 연구는 더욱 쇠퇴하였으며 다시금 탈역사적 그리스도론으로 회귀하려는 시도가 나타났습니다. 특히 양식사 비평에 의해 역사적 예수 연구는 큰 타격을 받았습니다. 양식사 비평은 복음서들이 역사적인 자료가 아니라 교회 공동체들의 신앙의 증언이라는 사실을 보여주었습니다. 양식사 연구를 통해 불트만은 역사적 예수의 현실에 대한 접근 자체가 거의 불가능한 것으로 판단하고, 초기 교회의 복음 선포 안에 현존하는 그리스도로부터 출발하는 실존론적 그리스도론을 제시했습니다. 역사적 예수의 연구가 쇠퇴함에 따라 고전적인 교의학적 그리스도론이 다시 부활했는데, 바르트가 대표적인 신학자입니다. 바르트는 아래의 역사적 예수의 현실로부터 출발하는 그리스도론이 아닌 위로부터의 계시와 하나님의 말씀으로부터 출발하는 교의학적 그리스도론으로 회귀했습니다.

그러나 20세기의 중반 이후 다시 신학적 분위기가 반전되었습니다. 역사의 문제는 해답을 얻은 것도 아니며 그 중요성이 소멸해버린 것도 아니라는 인식이 다시 대두되었습니다. 특히 판넨베르그와 몰트만은 수직적인 말씀계시 신학의 개인적, 실존적, 비역사적 성격을 비판하고 종말론적 관점에서 신학의 역사적 지평을 회복했습니다. 판넨베르그는 오늘날의 그리스도론은 다시금 전통적인 위로부터의 계시개념이 아니라 아래로부터 즉 역사와 역사적 경험으로부터 출발해야 한다고 주장하면서, 예수 그리스도의 역사를 역사 전체의 완성으로서의 종말론적 미래의 역사적 선취(先取)로 이해할 것을 제안했습니다. 몰트만은 사회 정치적인 역사의 차원과 전 창조세계와 우주적 차원에서의 종말론적인 하나님 나라의 완성에 대한 비전을 제시하면서, 하나님 나라를 향한 지속적인 메시아적 과업에 동참하기 위한 그리스도인들의 역사 변혁적, 해방적 실천의 중요성을 강조했습니다. 한편 구티에레즈, 보니노, 소브리노, 보프 등의 해방신학자들은 단지 예수의 역사를 역사비평적으로 재구성하기 위한 역사적 관심에서가 아니라 자신들의 가난과 억압의 역사적 현실에서의 변혁과 해방의 비전과 동력을 발견하기 위한 목적으로 역사적 예수에 접근하였습니다. 그리하여 그들은 하나님 나라를 위한 나사렛 예수의 역사 변혁적 실천에 대한 기억으로부터 출발하는 '바닥으로부터'의 실천적, 해방적 그리스도론의 패러다임을 수립하였습니다.

한편 성서학계에서는 1953년 케제만이 마르부르크 대학에서 행한 "역사적 예수의 문제"라는 제목의 강연으로부터 포스트 불트만 학파를 중심으로 한 새로운 역사적 예수 연구가 재개되었습니다. 19세기 옛 연구와 달리 새로운 역사적 예수 연구는 초기 기독교 공동체의 케리그마를 관통 또는 우회하여 역사적 예수에게로 도달하려고 하거나 복음을 역사적 예수로 환원하거나 축소하려고 하지도 않습니다. 여기서 역사의 기능은 케리그마와 신앙의 정당성을 입증하는데 있는 것이 아니라 그것들에 대한 비판적 척도로서 봉사하는데 있습니다.

또한 1970년대부터 제3의 역사적 예수 연구가 영미의 성서학계를 중심으로 '예수 르네상스' 운동이라는 이름으로 진행되고 있습니다. 제2의 연구가 주로 정경을 중심으로 한 본문비평, 양식비평, 편집비평에 의존하여 역사적 예수와 신앙의 그리스도의 연속성을 밝혀내고자 하는 것과 달리, 제3의 연구는 광범위한 공시적인 문화적 지평에서 역사적 예수에 접근하여, 예수 시대의 헬레니즘 문화 또는 유대교 문화와의 간학문적 대화를 통해 당시의 사회문화적 연관성 속에서 역사적 예수를 연구하고자 합니다. 제3의 연구에는 헬레니즘 문화와의 관계 속에서 예수 운동을 비종말론적 관점에서 이해하려는 입장과, 유대교 문화전통과의 관계 속에서 역사적 예수를 종말론적 관점에서 재구성하려는 입장이 있습니다.

나가는 말

결론적으로, 다시 가이사랴 빌립보 이야기로 돌아갑니다. 예수님은 베드로를 꾸짖으신 후에 이같이 말씀하셨습니다. "누구든지 나를 따라오려거든 자기를 부인하고 자기 십자가를 지고 나를 따를 것이니라. 누구든지 자기 목숨을 구원하고자 하면 잃을 것이요 누구든지 나와 복음을 위하여 자기 목숨을 잃으면 구원하리라"(막 8:34-35). 예수님의 이 말씀이 함축하고 있는 의미는 참된 그리스도론은 단지 입으로 하는 고백만이 아니라 자기를 부인하고 자기 십자가를 지고 예수님을 따르는 삶이 되어야 한다는 것입니다. 예수님은 "누구든지 나와 복음을 위하여 자기 목숨을 잃으면 구원하리라"고 말씀했습니다. 우리가 예수님을 그리스도로 고백한다는 것은 예수님과 예수님의 하나님 나라 복음을 위해 우리 자신의 목숨까지도 내어놓을 각오를 가지고 그분을 따라야 한다는 것을 의미합니다. 그래서 예수님은 이렇게 말씀하셨습니다. "나더러 주여 주여 하는 자마다 다 천국에 들어갈 것이 아니요 다만 하늘에 계신 내 아버지의 뜻대로 행하는 자라야 들어가리라"(마 7:21). 그러므로 오늘날 우리는 "너희는 나를 누구라 하느냐" 하는 예수님의 질문에 대하여 각기 자신의 삶의 자리에서 단지 말만이 아니라 자기를 부인하고 자기 십자가를 지고 예수님을 따르는 삶으로 응답해야 할 것입니다. 우리가 우리 자신을 부인하고 자신의 십자가를 지고 주님을 따르다가 예수님과 복음을 위해 우리 자신의 목숨을 잃으면 우리는 구원을 받고 그리스도의 부활의 영광에 참여할 것입니다.

생각해 볼 문제

1. 성육신 교리는 오늘날 어떤 방식으로 새롭게 이해되고 표현되어야 할까요? 예수 그리스도 안에서의 하나님과 인간 또는 신성과 인성의 연합에 대한 이해가능한 방식의 설명은 무엇일까요?

2. 기독교인이 가져야 할 통전적 구속교리는 어떤 것입니까?

3. 제1, 2, 3으로 이어지는 역사적 예수 연구들의 특징과 그 연구들 사이의 차이점은 무엇일까요?

더 읽을 만한 책

윤철호. 『너희는 나를 누구라 하느냐: 통전적 예수그리스도론』. 서울: 대한기독교서회, 2013.

한국조직신학회 엮음. 『그리스도론』. 서울: 대한기독교서회, 2011.

Cullmann, Oscar. *The Christology of the New Testament*. London: SCM press, 1963. 김근수 옮김. 『신약의 기독론』. 서울: 도서출판 나단, 1988.

Dunn, James D. G. *Christology in the Making: A New Testament Inquiry into the Origins of the Doctrine of the Incarnation*. Philadelphia: the Westminster Press, 1980.

성령론

성령의 존재와 그 사역*

현요한

* 이 글은 필자가 2012년에 쓴 글 "성령은 누구신가?"를 다시 고쳐 쓴 것임을 밝힌다. 현요한, 임창복, 오방식, 이상억 공저, 『성령과 함께하는 삶』 (구리: 한국기독교교육교역연구원, 2012). 일부 내용의 중복이 있으나, 새로운 자료들을 첨가하여 전부 새로 썼으며, 신학자들이 아닌 평신도들이 읽기 쉽도록 평이하게 쓴 글이다.

성령론

오늘날 성령론에 대한 많은 혼란이 있는 것 같습니다. 어떤 사람은 성령은 방언하고 병 고치는 능력이라고 생각합니다. 어떤 사람은 성령은 무슨 거룩한 유령 같은 존재처럼 생각하기도 합니다. 성령의 은사는 최고의 신앙적 경험이라고 생각하고 그것을 추구하기도 합니다. 어떤 사람은 교리적으로 성령의 존재를 받아들이지만, 사실 성령이 어떤 존재인지 잘 이해할 수 없다고 생각하기도 합니다. 성령이라고 하면, 다 아는 것 같지만, 막상 누가 물으면 설명하기 쉽지 않습니다. 도대체 성령이란 어떤 존재일까요?

그리스도인이라면 잘 정리된 생각이든 아니든 나름대로 어떤 성령 이해를 가지고 있을 것입니다. 그런데 우리에게 문제가 되는 것은 기복주의적 성령론, 개인주의적 성령론입니다. 그런 것들이 극복되어야 건전하고 올바른 성령 이해를 가질 수 있습니다. 사실 성령의 은사와 능력도 필요하고 성령의 은사들 중에 방언하고 병 고치는 것도 있지만, 더욱 필요한 것이 성령의 열매요, 성령의 코이노니아입니다. 성령의 코이노니아라는 말은 당연한 말 같지만, 사실 별로 많이 사용되지 않는 말입니다. 그에 앞서서 성령은 어떤 존재인가부터 간단히 살펴보겠습니다.

성령의 존재

구약성경에서 '영'이라는 말은 '루아흐'라는 히브리어 단어로 표현됩니다. 루아흐는 본래 바람, 숨, 호흡을 의미하는 말인데, 이것이 '하나님의 루아흐' 혹은 '여호와의 루아흐'라고 표현될 때는 단순한 바람이 아니라 보이지는 않지만 실제로 존재하면서 강력한 힘을 발휘하는 바람처럼, 보이지 않는 하나님의 임재와 활동을 의미했습니다. 신약성경에서는 구약성경에서 루아흐라고 썼던 단어를 그리스어 '프뉴마'라는 단어로 번역해서 사용했습니다. 그리고 구약성경에서 하나님의 루아흐, 여호와의 루아흐라는 말로 나타냈던 존재가 신약성경에서는 하나님의 프뉴마로 나타나는데 철저하게 예수 그리스도와 관련되어 나타납니다. 그리고 그러한 하나님의 프뉴마는 동시에 거룩한 프뉴마, 즉 '성령'이라고 불려집니다. 성령이라는 단어는 구약성경에서는 매우 드물게 나타나지만, 신약성경에서는 삼위일체 하나님의 영으로서 빈번하게 나타납니다.

1. 성령은 하나님의 영입니다.

무엇보다도 성령은 하나님의 영, 하나님 아버지의 영입니다. 마태복음 3:16, 마태복음 10:20, 마태복음 12:28, 빌립보서 3:3과 그 외 여러 구절들에서 성령은 '하나님의 영', '아버지의 영' 혹은 '하나님 아버지의 영'이라는 말로 표현됩니다. 성령은 하나님의 영이요, 성부 하나님의 영이기도 합니다.

성령은 성자 예수 그리스도의 영입니다. 빌립보서 1:19, 로마서 8:9, 사도행전 16:7, 갈라디아 4:6과 그 외 여러 구절들에서 성령은 '예수의 영,' '그리스도의 영,' '아들의 영'이라는 말로 표현됩니다. 이렇게 성령을 예수의 영, 그리스도의 영이라고 표현하는 것은 구약에서 '하나님의 영' 혹은 '여호와의 영'이라는 말로 표현했던 그 영과 다른 영이 아닙니다. 신약성경에서는 철저히 그 하나님의 영이 예수 그리스도와 관련되어 나타납니다. 이 점은 참된 성령의 역사를 분별하는 데 있어서 매우 중요합니다. 우리는 아무런 영이나 다 믿지 않습니다. 기적이나 신기한 일이 일어난다고 해서 모두 다 성령의 사건이라고 할 수 없습니다. 그 영이 예수 그리스도를 증거하고, 예수 그리스도를 나타내는 영인가 하는 점이 결정적으로 중요합니다(참고, 요일 4:1-3).

성령은 삼위일체 하나님의 제3위격이십니다. 마태복음 28:19, 고린도후서 13:13에 보면, 아버지와 아들과 성령 혹은 하나님과 예수 그리스도와 성령이 동등한 위치에서 함께 언급되는 것을 볼 수 있습니다. 성령은 성부 성자 성령, 삼위일체 하나님의 세 번째 위격이십니다. '삼위일체'라는 단어는 성경에 직접 나오지는 않지만, 성서적 신앙을 종합하면 그렇게 이해할 수밖에 없기에 후대 신학자들이 만든 말입니다. 삼위일체란 세 위격(three persons)이 한 본체(one substance)를 이루고 있다는 의미입니다.

신약성경의 신앙은 구약성경의 신앙을 이어받아 하나님을 유일하신 하나님이라고 말합니다(엡 4:5). 그러면서도 성자 예수 그리스도의 신성을 인정하고(요 1:1-3, 20:28), 성령도 신적 존재임을 인정합니다(요 4:24, 고전 2:11). 그렇다고 성부가 성자와 동일한 분이라거나, 성부가 성령과 동일한 분이라고 하지도 않습니다. 그런 구분은 성자가 성부께 순종한다든지, 성령이 성부께 기도한다든지 하는 성경의 표현들로부터 분명히 나타납니다. 그러니까 분명히 하나님은 한 분이신데, 그 한 분 하나님 안에 세 구분되는 위격이 계신다는 것입니다. 그래서 이를 나타내기 위하여 한 분 하나님 안에 동일한 본질을 가진, 구분되는 세 위격이 계신다는 의미로 삼위일체라고 한 것입니다. 이것은 하나와 셋에 관한 수학적 논리가 아니라, 형이상학적인 개념이요, 아니 그보다 더 하나님의 신비에 대한 계시를 믿는 신앙고백으로부터 나온 개념입니다.

그런데 성자는 성부에게서 독생자로 나셨다고(generation) 하는데, 성령은 어디에서 어떻게 생긴 존재일까요? 만일 성령도 성부에게서 나셨다고 하면 성자가 독생자라는 신앙에 맞지 않습니다. 성자가 성령을 낳으셨다고 하면 성부의 손자가 되니 그것도 역시 신약성경의 신앙과 맞지 않습니다. 그래서 갑바도기아의 바실리우스를 비롯한 고대 교부 신학자들은 성령은 성부로부터 '나오셨다' 혹은 '발출하셨다'(procession)고 표현했습니다. (요한복음 15:26에 "아버지께로부터 나오시는 성령"이라는 말씀이 나오지요.) 비유하여 말하자면 성부 하나님께서 말씀하실 때 말씀(로고스)이신 성자가 나오고, 더불어 숨(성령)이 나온다고 할 수 있습니다.

그런데 나중에 서방교회는 (서방교회는 지중해 연안의 서쪽, 라틴어를 사용하는 지역의 교회) 성령이 아버지의 영이기도 하지만, 성자 예수 그리스도의 영이기도 하며, 성자가 성령을 보내신다는 등의 역할을 들어 성령이 성부로부터 나오지만, 성자로부터도 나오신다고 주장하게 되었습니다. 그러나 동방교회는 (동방교회는 지중해 연안의 동쪽, 헬라어를 사용하는 지역의 교회) 성령이 성부로부터만 나오신다는 견해를 주장했습니다. 그런데 서방교회가 전세계교회가 함께 결정한 니케아-콘스탄티노플 신조(381)에 성령에 관하여 "성부로부터 나오시는"이라고 말한 부분에 "그리고 성자로부터도(filioque)"라는 말을 삽입하려고 시도함으로써 동서방교회 사이에 심한 논쟁이 벌어졌습니다. 이 논쟁을 '필리오쿠에 논쟁'이라고 합니다. 이 논쟁은 그 외에 여러 가지 요인들이 작용하여 결국 주후 1054년에 동서방교회가 분열되는데 중요한 쟁점이 되기도 하였습니다. 프로테스탄트 교회는 서방교회 전통에서 16세기에 종교개혁을 통해서 나온 교회이므로 대체로 서방교회 전통을 따르고 있습니다. 현대의 프로테스탄트 신학자들 중에는 동방교회적인 견해가 더 좋다고 생각하는 사람들도 있습니다.

2. 성령은 거룩하신 하나님의 마음인 동시에 하나님의 생명의 능력입니다.

우리는 앞에서 성령이 삼위일체 하나님의 제삼 위격이시며, 하나님의 영이라고 말했습니다. 그런데 여전히 성령이라는 말은 언뜻 잘 이해가 되지 않을 수 있습니다. 성령은 신적인 정신인가요? 성령은 어떤 신적인 기운인가요? 예전에는 성신(the Holy Ghost)이라는 말을 많이 썼는데, 요즘에는 그 용어가 성령을 무슨 유령처럼 오해하게 할 가능성 때문에 잘 쓰지 않습니다. 영이란 도대체 무엇일까요? 그리고 성령이란 무엇일까요? 우리는 성령을 "하나님의 인격적인 마음인 동시에 생명의 능력"이라고 이해할 수 있습니다. 이것은 성령의 본질에 대한 절대적 개념 규정이라기보다도 피조물인 우리에게 나타나시는 성령의 활동에 대한 묘사라고 할 수 있습니다.

　　성령님은 인격성을 지닌 하나님의 마음이라고 할 수 있습니다. 인격성을 여러 가지로 이해할 수 있지만, 여기서는 쉽게 지·정·의적 특성을 가지는 것으로 생각해 보기로 하겠습니다. 먼저 성령님은 지성적 특성이 있습니다. 고린도전서 2:10-12에 말하기를, "오직 하나님이 성령으로 이것을 우리에게 보이셨으니 성령은 모든 것 곧 하나님의 깊은 것까지도 통달하시느니라 사람의 일을 사람의 속에 있는 영 외에 누가 알리요 이와 같이 하나님의 일도 하나님의 영 외에는 아무도 알지 못하느니라 우리가 세상의 영을 받지 아니하고 오직 하나님으로부터 온 영을 받았으니 이는 우리로 하여금 하나님께서 우리에게 은혜로 주신 것들을 알게 하려 하심이라" 여기서 성령은 하나님의 깊은 사정을 다 아시는 분이요, 우리에게 오셔서 우리로 하여금 하나님께서 우리에게 은혜로 주신 것들을 알게 하시는 분이라고 합니다. 안다는 것은 지성적인 활동입니다. 또한 요한복음 14:26에 "보혜사 곧 아버지께서 내 이름으로 보내실 성령 그가 너희에게 모든 것을 가르치고 내가 너희에게 말한 모든 것을 생각나게 하리라"고 하였습니다. 여기서 성령은 예수님의 진리의 말씀을 가르치시고 생각나게 하시는 분이라고 합니다. 말씀을 생각나게 하시고 가르치는 것 역시 지성적인 활동입니다.

　　성령님은 의지적 특성이 있습니다. 그분은 자신의 의지와 뜻을 가지고 행하십니다. 사도행전 13:2에, "주를 섬겨 금식할 때에 성령이 이르시되 내가 불러 시키는 일을 위하여 바나바와 사울을 따로 세우라 하시니"라고 하였습니다. 여기서 우리는 성령님이 세계 선교라는 자신의 뜻과 의지를 가지고 교회에 명령하시는 것을 볼 수 있습니다. 또한 사도행전

20:28에서 사도 바울은 에베소교회의 장로들에게 말하기를 "여러분은 자기를 위하여 또는 온 양 떼를 위하여 삼가라 성령이 그들 가운데 여러분을 감독자로 삼고 하나님이 자기 피로 사신 교회를 보살피게 하셨느니라"고 하였습니다. 여기서는 성령이 교회 가운데 감독자들을 세우시고 그들을 보살피게 하시는 의지를 가지고 계심을 알 수 있습니다. 또한 고린도전서 12:3에 "하나님의 영으로 말하는 자는 누구든지 예수를 저주할 자라 하지 아니하고 또 성령으로 아니하고는 누구든지 예수를 주시라 할 수 없느니라"고 하였습니다. 성령은 사람들로 하여금 진심으로 예수를 주님이라고 믿고 고백하게 하시는 분이십니다. 성령은 믿지 않는 사람의 의지를 움직여 믿는 마음을 가지게 한다는 것입니다. 뿐만 아니라, 갈라디아서 5:16에 "내가 이르노니 너희는 성령을 따라 행하라 그리하면 육체의 욕심을 이루지 아니하리라"고 하였습니다. 우리의 의지가 성령을 따라 행할 때 우리는 육체의 욕심을 이길 수 있습니다. 이와 같이 성령은 어떤 의지적 활동을 하시는 특성이 있습니다.

　　성령님은 감정적 특성이 있습니다. 로마서 8:26에 말하기를, "이와 같이 성령도 우리의 연약함을 도우시나니 우리는 마땅히 기도할 바를 알지 못하나 오직 성령이 말할 수 없는 탄식으로 우리를 위하여 친히 간구하시느니라"고 하였습니다. 성령은 우리를 위하여 말할 수 없는 탄식으로 기도하신다고 합니다. 우리의 사정을 아시고 불쌍히 여기셔서 깊은 탄식을 하신다는 것은 성령님이 매우 감성적인 분임을 보여줍니다. 또한 야고보서 4:5에 "너희는 하나님이 우리 속에 거하게 하신 성령이 시기하기까지 사모한다 하신 말씀을 헛된 줄로 생각하느냐"라고 하였습니다. 성령님은 우리를 사랑하셔서 심지어 우리가 참 하나님이 아닌 다른 것을 사랑할 때, 시기하시기까지 하신다고 합니다. 이것도 매우 감성적인 표현입니다. 또한 바울과 바나바가 전도여행 중에 비시디아의 안디옥에서 큰 성과를 거두었는데, 유대인들의 박해로 인하여 그곳을 떠나게 됩니다. 그러나 그곳에서 새로 얻은 제자들은 "기쁨과 성령이 충만"하였다고 합니다(행 13:51-52). 성령은 핍박과 고난 중에도 그리스도인들로 하여금 기쁨이 충만케 하시는 초자연적인 감정적 영향력을 발휘하십니다.

　위에서 살펴본 대로 성령은 인격성이 있어서 지·정·의적인 활동을 하시기도 하지만, 놀라운 생명의 능력으로 일하기도 합니다. 성령은 그대로 하나님의 능력으로 간주되기도 합니다. 누가복음 1:35에 천사 가브리엘이 예수님의 어머니 마리아에게 한 말을 보면, "성령이 네게 임하시고"라고 말한 후에 곧 "지극히 높으신 이의 능력이 너를 덮으시리니"라고 하여 '성령'과 하나님의 '능력'을 동일시하여 말하고 있습니다. 사도행전 1:8도 마찬가지입니다. "오직 성령이 너희에게 임하시면 너희가 권능을 받고 예루살렘과 온 유대와 사마리아와 땅 끝까지 이르러 내 증인이 되리라 하시니라" 여기서 성령이 임하심과 제자들이 권능을 받는 것이 동일시되고 있습니다.

　또한 하나님의 영은 천지창조에 동참하신 영이시요(창 1:2), 특히 생명 창조의 능력입니다. 시편 33:6에 "여호와의 말씀으로 하늘이 지음이 되었으며 그 만상을 그의 입 기운으로 이루었도다"고 하였습니다. 여기서 기운이라는 말은 루아흐인데, 앞서 말했듯이 영이라고도 번역하는 말입니다. 하나님이 말씀으로 천지를 창조하실 때, 하나님의 영이 그 만상을 만드셨다고 합니다. 욥기 33:4에는 "하나님의 영이 나를 지으셨고 전능자의 기운이 나를 살리시느니라"고 하였습니다. 시편 104:30에는 여러 가지 생물들을 가리켜 "주의 영을 보내어 그들을 창조하사 지면을 새롭게 하시나이다"고 노래했습니다. 또한 성령은 사사와 선지자들을 통해 놀라운 이적을 행하여 이스라엘을 구하신 구원의 능력이었습니다(삿 6:34, 삿 14:6, 19).

앞에서 살펴본대로 성령에 인격적 특성이 있기도 하지만, 성령이 이러한 하나님 자신의 능력이기에 성경에는 성령에 대한 초인격적 표현들도 많이 나타납니다. 성령을 '준다'(행 2:17, 33, 10:45), '받는다'(행 2:38, 8:15, 17, 19, 10:47, 19:2), 성령으로 '충만함을 받는다'(행 2:4, 4:8, 31, 9:17, 13:9, 52) 등의 표현입니다. 흥미로운 점은 성경은 성령이 인격이신가 비인격인가에 대하여 논쟁하지 않는다는 것입니다. 사실 인격이라는 말 자체가 인간의 인격성을 빗대어 한 말이기 때문에, 인격성이라는 말을 하나님께 적용할 때, 그와 유사한 점도 있지만, 전혀 다른 점도 있게 마련입니다. 그러므로 성령의 (혹은 하나님의) 인격성과 초인격성을 함께 이야기한다고 해서 모순이라고 할 수 없습니다. 두 가지 개념 모두 인간의 부족한 언어로 하나님을 묘사하려는 것이기 때문입니다.

이와 같이 성령은 하나님의 인격적인 마음인 동시에 하나님의 능력이라고 할 수 있습니다. 그러니까 성령이 충만하다는 말은 우리에게 성령이 오셔서 우리 마음이 하나님의 마음으로 가득하고 성령님에 의하여 지배되는 상태, 그리고 우리 안에 성령의 능력과 은사가 가득해서 하나님의 뜻을 능히 이루어지게 하는 상태를 가리킨다고 할 수 있습니다. 성령으로 기도한다는 말은 성령님이 가르쳐 주시는 하나님의 뜻과 마음을 따라 기도한다는 것입니다. 또한 그 말은 우리 홀로 기도하면 쉽게 지치고 포기할 수 밖에 없는데, 성령의 능력 가운데 모든 혼돈과 잡념을 물리치고 오직 성령의 능력에 사로잡혀 기도한다는 것을 의미합니다.

그러한 성령님이 하시는 일 중 두드러지는 것은 바로 코이노니아 라는 것입니다. 고린도후서 13:13에 "주 예수 그리스도의 은혜와 하나님의 사랑과 성령의 교통하심이 너희 무리와 함께 있을지어다"라고 하였습니다. 은혜라는 말이나 사랑이라는 말은 성부, 성자, 성령 모두에게 종종 적용하여 묘사하는 말들입니다. 그런데 교통(koinonia)라는 말은 오직 성령을 묘사할 때만 쓰였다는 점은 깊이 생각해 볼만한 내용입니다. 코이노니아란 교통, 교제, 나눔, 참여, 사귐, 공동체 등 풍성한 의미를 가지고 있는 말입니다. 성령은 하나님의 마음과 능력으로서 친히 우리 안에 오셔서 우리를 변화시켜 하나님의 마음에 참여하여 변화되고 동조하게 하시고, 우리에게 능력을 주어 그 마음의 뜻을 따라 행하게 하시어, 하나님 나라를 전파하고 이루게 하십니다.

하나님의 마음

성령을 하나님의 인격적인 마음인 동시에 하나님의 생명의 능력이라고 이해했을 때, 중요한 것은 하나님의 마음을 아는 것입니다. 우리는 하나님의 마음을 어디서 어떻게 알 수 있을까요? 하나님의 마음은 구약시대에는 선지자들을 통하여 부분적으로 드러났는데, 이제 때가 되어 그 아들 예수 그리스도와 그 사역에서 온전히 그리고 결정적으로 드러났습니다 (히 1:1-2). 그리고 구약의 율법과 선지자들 그리고 신약의 예수 그리스도는 바로 성경이 우리에게 가르쳐 주는 내용입니다. 성경에 나타나는 그리고 결정적으로 예수 그리스도에게서 나타난 하나님의 마음은 어떤 것입니까? 하나님의 마음에 대하여 여러 가지로 말할 수 있지만, 여기에서는 핵심적인 내용 두 가지에 대하여 살펴보겠습니다.

1. 사랑의 마음

하나님의 마음은 사랑의 마음입니다. 하나님은 사랑이시라고 하였습니다(요일 4:7-8). 예수 그리스도에게서 나타나신 하나님은 사랑의 하나님이십니다. 로마서 5:8에 "우리가 아직 죄인 되었을 때에 그리스도께서 우리를 위하여 죽으심으로 하나님께서 우리에 대한 자기의 사랑을 확증하셨느니라"고 하였습니다. 그 사랑은 유대인뿐만 아니라 이방인과 나그네도 사랑하는 사랑이요, 죄인도, 원수도, 버림받은 자도, 모든 병자들과 장애인들, 종교적으로 부정하다고 버려진 병자들도 다 사랑하시는 그런 사랑입니다. 하나님은 세상을 너무나 사랑하셔서 그에게 나아와 예수 그리스도를 믿는 사람들은 아무 대가나 공로 없이 구원하시기 원하십니다(요 3:16). 예수님은 하나님 사랑과 이웃 사랑이 율법과 선지자의 대 강령이라고 말씀하셨습니다(마 22:37-40). 예수님은 제자들에게 새 계명을 주셨는데, 그것은 바로 사랑의 계명이었습니다. "새 계명을 너희에게 주노니 서로 사랑하라 내가 너희를 사랑한 것 같이 너희도 서로 사랑하라 너희가 서로 사랑하면 이로써 모든 사람이 너희가 내 제자인 줄 알리라"(요 13:34-35).

2. 하나님의 나라

예수님은 공생애 중에 많은 것을 가르치셨는데, 예수님의 말씀의 핵심 주제는 바로 하나님 나라였습니다. 복음서들에 '하나님 나라'라는 형태로 67회가 나오고, '천국'이라는 형태로 37회가 나옵니다. 또한 '하나님 나라'는 부활하신 예수님께서 40일 동안 제자들과 함께 계시면서 하신 말씀의 핵심 주제이기도 하였습니다. "그가 고난 받으신 후에 또한 그들에게 확실한 많은 증거로 친히 살아 계심을 나타내사 사십 일 동안 그들에게 보이시며 하나님 나라의 일을 말씀하시니라"(행 1:3). 이때의 말씀은 이제 제자들을 떠나가시기 직전에 하신 말씀이니, 일종의 유언과 비슷한 것이요, 그만큼 중요한 것입니다. 이렇게 예수님은 공생애 중에나, 부활 후 승천 직전에나 그저 입을 열면 하나님 나라를 말씀하셨습니다. 이것이 바로 하나님의 마음입니다. 하나님 나라는 또한 사도들이 나아가 전도한 말씀의 핵심 주제이기도 하였습니다(행 8:12, 14:22, 행 19:8, 20:25, 28:23, 28:31).

그런데 우리가 오해하면 안 될 것은 하나님 나라는 죽음 저 편에만 있는 나라가 아니라 예수님과 성령님과 더불어 이 세상으로 이미 침입해 들어온 나라라는 사실입니다. 마가복음 1:15에 "때가 찼고 하나님의 나라가 가까이 왔으니 회개하고 복음을 믿으라"고 하셨으며, 마태복음 12:28에는 "그러나 내가 하나님의 성령을 힘입어 귀신을 쫓아내는 것이면 하나님의 나라가 이미 너희에게 임하였느니라"고 하셨습니다. 하나님 나라는 저 하늘의 어떤 공간이 아니라, 예수 그리스도와 성령을 통해 이미 우리에게 온 나라입니다. 그것은 우리 육체의 죽음 저 편에도 있지만, 이 편에도 이미 있다는 것입니다. 하나님의 나라는 어떤 영토나 어떤 외적인 조직 이전에 왕이신 하나님의 통치를 가리킵니다. 예수 그리스도와 성령의 강림으로 하나님의 본격적인 세상 통치가 시작되었습니다. 이것이 예수님의 복음의 핵심입니다. 물론 그 나라는 아직 완전히 이루어지지 않았습니다. 그 나라는 장차 예수 그리스도께서 재림하실 때에 완성될 나라입니다.

하나님 나라는 하나님께서 친히 다스리시는 나라요, 하나님의 백성의 새로운 공동체이기도 합니다. 베드로전서 2:9에 그리스도인들을 가리켜 "너희는 거룩한 나라"라고 하였고, 계시록 1:6에는 "그의 아버지 하나님을 위하여 우리를 나라와 제사장으로 삼으신 그에게 영광과 능력이 세세토록 있기를 원하노라"고 하였습니다. 어떤 공간이나 조직체가 아니라, 참된 그리스도인들의 공동체인 '우리'가 하나님의 나라요 제사장이라고 합니다. 혼자서는 나라가 될 수 없습니다. 하나님 나라는 하나님이 왕이신 나라요, 그가 다스리시는 백성 공동체입니다. 하나님 나라는 유대인과 이방인, 종과 자유자, 부자와 가난한 자, 노인과 젊은이, 남자와 여자가 차별이 없이 참여하는 나라입니다. 로마서 14:17에 "하나님의 나라는 먹는 것과 마시는 것이 아니요 오직 성령 안에 있는 의와 평강과 희락이라"고 하였습니다. 하나님의 나라는 하나님의 정의와 평화가 이루어지는 나라, 새로운 생명의 나라입니다. 하나님 나라는 창과 칼과 폭력으로 세워지는 나라가 아니라, 예수 그리스도의 사랑과 섬김으로 세워지는 나라요, 우리도 부르심을 받아 성령 안에서 거기에 참여하는 나라입니다.

성령은 그러한 하나님 나라의 영이요, 사랑의 영입니다. 사실 예수님의 제자들은 예수님의 놀라운 말씀과 능력을 보고 그분이 바로 그들이

기다리던 메시아, 그리스도임을 확신했습니다. 그리고 그 메시아가 왕이 되어 로마 제국을 물리치고 지상에 다시 옛 다윗 시대와 같은 강력한 왕국을 세우기 원했고, 그것이 바로 하나님 나라일 것이라고 상상했었습니다. 그러나 그들의 꿈은 예수님이 십자가에서 죽으심으로 산산조각이 나버렸습니다. 그런데 그 예수님이 사흘만에 부활하셨고, 다시 그들 앞에 나타나셨고, 40일동안 또 하나님 나라에 대하여 말씀하셨습니다(행 1:3). 이제 하나님 나라인 이스라엘 왕국에 대한 꿈을 다시 꾸게 된 제자들이 주님께 여쭈었습니다. "주께서 이스라엘 나라를 회복하심이 이 때니이까?"(행 1:6) 그러나 예수님의 대답은 여전히 그들의 기대와 상상을 빗나갔습니다. "이르시되 때와 시기는 아버지께서 자기의 권한에 두셨으니 너희가 알 바 아니요 오직 성령이 너희에게 임하시면 너희가 권능을 받고 예루살렘과 온 유대와 사마리아와 땅 끝까지 이르러 내 증인이 되리라 하시니라"(행 1:7-8). 제자들은 오순절에 성령을 받고 주님의 말씀을 제대로 이해하게 되면서, 하나님 나라에 대하여도 올바로 이해하게 되었습니다. 성령은 우리가 예수 그리스도를 주님으로 믿고 따르게 하여, 하나님의 사랑과 하나님 나라에 참여케(코이노니아) 하시는 영입니다.

성령의 여러 가지 사역

위에서 우리는 성령의 존재와 그 위격에 대하여 알아보았습니다. 이제 성령이 무엇을 하시는지 성경의 증언들을 통해 살펴보겠습니다. 성령이 믿는 사람 누구에게나 임하시는 일은 예수 그리스도의 부활 승천 이후 오순절날에 (사도행전 2장) 제자들에게 임하심으로써 시작되었습니다. 그러나 구약시대에도 하나님의 영으로서 성령은 계셨고 일하셨습니다. 구약시대에 하나님의 영은 소수의 사사들, 선지자들, 제사장들, 왕들에게 임하여 하나님의 뜻을 따라 일하게 하셨지만, 신약시대에는 그리스도를 믿는 사람 누구에게나 임하여 하나님을 믿고 따르게 하십니다.

▶ 성령은 세계와 인간을 창조하시고 그들에게 생명을 주어 약동하게 하십니다. (창 1:1-2, 시 33:6, 욥 34:14-15, 시 104:30)

▶ 성령은 인간을 그리스도께로 이끌어 신앙하게 하시고 의롭다고 선언하십니다. (고전 12:3, 롬 8:15-16, 롬 3:27-28) 우리가 그리스도의 은혜에 의하여, 믿음을 통해 의롭다고 인정받는 것을 칭의(justification)라고 합니다.

▶ 성령은 사람을 거듭나게 하여 새 생명으로 살게 하십니다. (요 3:3-5) 이것을 중생이라고 합니다. 이것은 우리를 내적으로 전혀 새로운 존재로 만드시는 것이며, 우리에게 완전히 새로운 삶의 기회를 주시는 것입니다.

▶ 성령은 보혜사(parakletos)로서 우리를 도우십니다. (요 14:16-17, Cf. 요일 2:1) 보혜사는 우리를 진리 가운데로 이끄시며, 우리에게 위로와 확신을 주시고, 우리를 위하여 변호해 주십니다.

▶ 성령은 말씀의 영, 진리의 영입니다. (요 14:16-17, 요 14:26, 요 15:26, 요 16:13-14) 성령은 성경 말씀에 영감을 불어 넣으신 영이요(딤후 3:16, 벧후 1:21), 우리가 그 말씀을 읽거나 들을 때에 우리 마음에 빛을 비추어 주셔서 깨닫게 하시고 믿게 하시는 영입니다.

▶ 성령은 우리를 죄와 죽음, 그리고 율법으로부터 자유케 하십니다. (롬 8:1-2, 고후 3:17, 롬 7:6) 우리는 더 이상 형식적이고 위선적인 종교가 아니라 진실한 마음으로 자유 가운데 나아갑니다.

▶ 성령은 우리를 거룩하게 변화시키는 거룩한 영입니다. (살후 2:13, 벧전 1:2) 성령은 우리를 거룩하게 구별하시고, 우리로 하여금 거룩한 삶을 살게 하십니다. 이것을 성화(sanctification)라고 합니다.

▶ 성령은 사랑의 영입니다. (딤후 1:7, 롬 5:5, 갈 5:13-16, 갈 5:22-23) 사랑은 그리스도인의 최고의 미덕이며, 그것은 성령의 은혜로 가능해집니다.

▶ 성령은 우리의 기도를 도우십니다. (롬 8:26, 엡 6:18, 유 20) 성령은 우리가 무엇을 기도할지 가르쳐 주시며 우리에게 기도할 열심과 힘을 주십니다.

▶ 성령은 우리에게 하나님의 기쁨과 위로를 주십니다. (눅 10:21, 행 9:31, 행 13:51-52, 살전 1:6) 성령은 때때로 고난과 박해 속에서도 상식을 뛰어 넘는 기쁨과 위로를 주십니다.

▶ 성령은 우리로 하여금 하나님을 경외케 하며, 하나님을 위한 의분과 열정을 일으키십니다. (사 11:2, 겔 3:14, 행 17:16, 학 1:14)

▶ 성령은 복음 전파의 능력이며, 은사와 표적을 행하십니다. (행 1:8, 행 2:1-4, 행 10:44-46, 행 19:6, 고전 12:4-6, 히 2:3-4) 성령의 능력과 은사가 없이 복음 사역은 이루어지지 않습니다. 성령의 은사들은 무슨 자기자랑이나 깜짝쇼를 위한 것이 아니라, 복음 전파를 위해 섬기기 위한 능력입니다.

▶ 성령은 거룩한 교회 공동체를 이루게 하십니다. (행 2:43-47, 고전

12:12-27, 고전 3:16) 성령이 없이는 교회가 교회답게 세워질 수 없습니다. 교회는 성령이 거하시는 성전이요, 성령은 모든 신자들을 교회 안에서 하나가 되게 하십니다.
▶ 성령은 이 땅에 하나님 나라를 이루십니다. (막 1:15, 마 12:28) 성령은 옛 세상의 종말과 새 세상의 시작을 가져오십니다. (눅 17:20-21, 행 2:17, 고후 5:17) 성령은 우리의 영원한 구원, 하나님 나라의 생명의 보증자이십니다. (고후 1:21-22, 고후 5:4-5)
▶ 성령은 창조주 하나님의 영으로서 교회와 신자들뿐만 아니라, 온 세계와 만물을 다스리셔서 하나님의 정의와 평화를 이루어 가십니다. (사 28:6, 사 30:1, 사 42:1-4, 사 45:1, 왕상 19:15, 사 34:8-17, 사 32:15-20)

이와 같이 우리는 성령이 하시는 일들에 대하여 살펴보았습니다. 성령의 사역은 매우 다양하고 깊으며, 폭이 넓습니다. 성령의 사역은 이 중 어느 하나에 국한되지 않습니다. 성령의 사역은 이렇게 풍성하고 다양합니다. 신약성경적인 성령 이해에서 핵심적인 것은 성령 안에서 예수를 그리스도와 주님으로 믿어서 그리스도와 연합하게 되고, 그리하여 그리스도께서 이루신 구속 사업의 효과가 우리들 각자에게 나타나게 하시는 일입니다. 그리하여 하나님의 나라에 참여케 되는 것입니다. 종교개혁자 칼뱅은 "성령은 우리를 효과적으로 그리스도 자신에게 연합시키는 띠이다"라고 말했습니다.

성령과 구원

위에서 살펴보았듯이 성령은 신자의 구원에 관계된 종교적인 일만 하시지는 않습니다. 성령의 사역은 교회와 신자들뿐만 아니라, 일반 사회, 창조와 창조세계 전체의 운행과 관련되며 매우 폭넓고 다양합니다. 그러나 여전히 구원의 문제는 여전히 중요합니다. 성령과 구원의 문제와 관하여 좀 더 깊이 있게 살펴보겠습니다.

1. 무엇으로부터의 구원인가?

우리는 예수 그리스도를 믿으면 구원을 얻으며, 영생을 얻습니다. 에베소서 2:8에 "너희는 그 은혜에 의하여 믿음으로 말미암아 구원을 받았으니 이것은 너희에게서 난 것이 아니요 하나님의 선물이라"고 하였습니다. 우리는 우리 자신의 의로움과 선행의 공로로 구원을 얻는 것이 아니라, 그리스도의 은혜로 구원을 얻습니다. 그런데 그 구원은 종말론적으로 미래에 완성될 것이지만, 우리는 믿음으로 벌써 그 구원 혹은 영생을 앞당겨 경험할 수 있습니다. 우리는 믿음으로 말미암아 구원을 "받았습니다"(완료시제). 또한 요한복음 5:24에 "내가 진실로 진실로 너희에게 이르노니 내 말을 듣고 또 나 보내신 이를 믿는 자는 영생을 얻었고 심판에 이르지 아니하나니 사망에서 생명으로 옮겼느니라"고 하였습니다. 여기서 "얻었다"는 말은 헬라어로 직설법 현재 시제로 되어 있는데 이는 영생을 지금 가지고 있다는 뜻입니다. "옮겼다"는 말은 직설법 완료 시제로

되어 있습니다. 이미 그렇다는 것입니다.

'구원'이라고 하면, 우리는 보통 '무엇으로부터의 구원인가'를 생각하고, 그런 쪽에서 주로 접근합니다. 그것은 옳습니다. 우리는 죄와 사망의 법으로부터 해방을 받았으며(롬 8:1-2), 율법의 저주에서 풀려났습니다(갈 3:13). 그런데 우리가 좀 더 생각할 것은 영생이 무엇인가 하는 점입니다. 많은 사람들이 영생을 무슨 천당 입장권 비슷한 것으로 생각하는 것 같습니다. 그러나 영생은 천당 입장권이 아닙니다. 영생은 영원한 생명이기도 하지만, 영원한 삶이기도 합니다. 요한복음 17:3은 "영생은 곧 유일하신 참 하나님과 그가 보내신 자 예수 그리스도를 아는 것이니이다"라고 하였습니다. 여기서 '안다'는 것은 단지 정보적 지식으로 안다는 것이 아니라, 인격적 경험적으로 아는 것을 뜻합니다. 즉, 영생이란 참 하나님과 예수 그리스도를 인격적으로 사귀어 아는 것입니다. 영생은 단순히 영원히 지속되는 시간 속에서 생명을 유지하는 것이 아닙니다. 사실 무한히 오래 사는 것은 오히려 고통스럽고 지루할 수도 있습니다. 영생은 하나님과 사귀며 하나님의 생명에 참여하여 하나님의 생명으로 사는 것입니다. 그러한 영생은 육체의 죽음 저편에도 있지만, 이편에도 벌써 있습니다. 우리는 이 영생을 예수 그리스도 안에서 은혜의 선물로 받았습니다. "죄의 삯은 사망이요 하나님의 은사는 그리스도 예수 우리 주 안에 있는 영생이니라"(롬 6:23).

2. 무엇을 위한 구원인가?

우리는 위에서 '무엇으로부터의 구원'인가 하는 점을 살펴보았습니다. 그런데 이제 '무엇을 위한 구원인가'하는 점을 살펴볼 필요가 있습니다. 왜냐하면 많은 사람들이 이 점에 별 관심을 두지 않고 있기 때문입니다. 하나님께서 우리를 구원하셨다면, 거기에는 중요한 목적이 있을 것입니다. 그것이 무엇일까요? 에베소서 2:10에 "우리는 그가 만드신 바라 그리스도 예수 안에서 선한 일을 위하여 지으심을 받은 자니 이 일은 하나님이 전에 예비하사 우리로 그 가운데서 행하게 하려 하심이니라"고 하였습니다. 우리는 선한 일의 공로로 구원 받는 것은 아니지만, 선한 일을 하도록, 선한 일을 목적으로 구원 받은 것입니다.

베드로후서 1:3-4에는 하나님께서 우리를 구원하시는 목적에 대하여 다음과 같이 말씀하였습니다.

> 그의 신기한 능력으로 생명과 경건에 속한 모든 것을 우리에게 주셨으니 이는 자기의 영광과 덕으로써 우리를 부르신 이를 앎으로 말미암음이라. 이로써 그 보배롭고 지극히 큰 약속을 우리에게 주사 이 약속으로 말미암아 너희가 정욕 때문에 세상에서 썩어질 것을 피하여 신성한 성품에 참여하는 자가(koinonos) 되게 하려 하셨느니라(벧후 1:3-4)

이 본문 3절이 말하는 내용을 간단히 말하면 결국 '구원'이라고 할 수 있습니다. 그러한 구원을 우리에게 주신 목적은 우리로 하여금 하나님의 "신성한 성품에 참여하는 자가 되게" 하는 것이라는 말씀입니다. 또한 에베소서 5:1은 그리스도의 은혜로 구원받은 성도들에게 다음과 같이 명령합니다. "그러므로 사랑을 받는 자녀 같이 너희는 하나님을 본받는 자가 되고 …" 우리에게 하나님을 본받는 자가 되라고 명령합니다. 우리 같은 인간이, 더구나 죄인이 과연 하나님을 본받는 자가 될 수 있을까요? 어찌 보면 이것은 우리가 도저히 감당할 수 없는 짐을 우리에게 지우는 것 같이 들리기도 합니다. 그러나 달리 보면 이것은 하나님께서 우리에게 주시는 놀라운 특권입니다. 우리 같은 죄인들이 감히 그렇게 하나님 성품에 참여하고, 하나님을 본받는 자가 되게 하신다는 것이기 때문입니다. 그렇게 되게 하시고, 그렇게 되는 은혜를 하나님께서 주시기 때문입니다. 사실 이것은 새로운 가르침이 아닙니다. 동방정교회에서는 이것을 신화(deification)이라는 주제로 매우 중요하게 가르쳐 왔습니다. 전통적인 프로테스탄트 교회는 이것을 '성화'라는 제목으로 가르쳐 왔습니다. 영성신학 전통에서는 '그리스도를 본받는 것'으로 가르쳐 오기도 하였습니다. 그러나 안타깝게도 오늘날 이 성화의 가르침이 교회 안에서 매우 약화되었습니다. 우리는 이 성화의 가르침, 그리스도를 본받아 살아가는 것에 대하여 깊은 관심을 가지고, 우리의 삶의 목적을 바로 잡아야 하며, 그렇게 살기 위해서 기도하고, 묵상하고, 훈련 받고, 성령의 은혜 안에서 걸어가야 합니다. 이것은 갈라디아서 5:22-23이 가르치는 바, 성령의 열매를 맺는 삶이기도 합니다.

　개인적인 차원에서 하나님이 우리를 구원하시는 목적은 우리로 하여금 하나님의 성품에 참여하는 자 혹은 하나님을 본받는 자가 되게 하시는 것입니다. 그런데 공동체적 차원에서 하나님이 우리를 구원하시는 목적은 바로 우리를 하나님 나라에 참여케 하는 것입니다. 앞에서 우리는 예수 그리스도의 복음 선포의 핵심 주제가 하나님 나라요(막 1:15), 그것이 바로 하나님의 마음이라는 것을 확인하였습니다. 예수님의 복음 선포의 핵심이 하나님 나라라는 것은 우리를 구원하시는 목적이 하나님 나라라는 것과 다름이 없습니다. 그런데 우리가 유념해야 할 것은, 앞에서도 지적하였듯이 그 하나님 나라는 저 하늘, 사후 세계에만 있는 것이 아니라, 예수 그리스도와 성령의 사역으로 말미암아 우리 안에 와 있고, 지금도 이 땅에서 확장되고 있는 공동체라는 것입니다. 예수께서 갈릴리에서 복음 전파를 시작하실 때에 나사렛 회당에서 이사야 61장 말씀을 인용하여 말씀하셨습니다.

> 주의 성령이 내게 임하셨으니 이는 가난한 자에게 복음을 전하게 하시려고 내게 기름을 부으시고 나를 보내사 포로 된 자에게 자유를, 눈 먼 자에게 다시 보게 함을 전파하며 눌린 자를 자유롭게 하고 주의 은혜의 해를 전파하게 하려 하심이라 하였더라(눅 4:18-19)

예수님은 이어서 "이 글이 오늘 너희 귀에 응하였느니라"고 말씀하셨습니다(눅 4:21). 이것이 예수님이 목표하시는 하나님 나라의 모습이라고 할 수 있습니다. 예수님은 그 말씀이 이미 이루어지고 있다고 말씀하시는 것입니다. 하나님의 나라는 하나님의 사랑과 은혜의 통치, 하나님의 정의와 평화가 이루어지는 나라입니다. 하나님은 그런 나라를 이 땅에 이루시기를 원하십니다. 성령은 우리를 불러서 그 나라를 지금 여기서 미리 맛보고 경험하게 하시고, 우리를 그 나라를 전파하고 섬기는 일꾼들로 파송하십니다. 성령은 우리에게 그 사명을 감당할 능력과 은사를 주십니다.

이 땅에 있는 교회는 그 자체가 하나님 나라와 동일한 것이라고 할 수는 없습니다. 왜냐하면 교회는 거룩한 하나님의 백성 공동체이기도 하지만, 아직 역사 속에 있고, 인간들의 불완전함과 약점과 부패함을 완전히 벗어나지 못했기 때문입니다. 그러나 교회는 하나님 나라의 증인 공동체이며, 비록 불완전하기는 하지만 이 세상에서 하나님 나라를 잠정적으로 실현해 나가는 하나님의 백성입니다. 그러므로 우리가 하나님의 구원의 은혜를 받았다면 우리는 먼저 성령의 은혜 안에서 교회를 하나님 나라의 증인 공동체답게 만들기 위해 힘써야 할 것입니다. 이것은 교회 개혁을 의미합니다. 또한 우리는 더 나아가 교회뿐만 아니라 우리가 살고 있는 이 세상을 조금이라도 하나님 나라를 반영하는 세상이 되도록 만드는 일을 위하여 성령의 능력으로 섬겨야 합니다. 왜냐하면 하나님은 온 세상 만물의 하나님이지 교회와 교인들만의 하나님이 아니기 때문입니다.

우리가 하나님의 성품에 참여하는 자가 되게 하는 것, 그리고 우리로 하나님 나라에 참여케 하는 것이 하나님이 우리를 구원하시는 목적이라고 할 수 있습니다. 우리를 하나님의 성품에 참여하게 하시고, 하나님의 나라에 참여케 하시는 이가 바로 성령입니다. 이 목적과 방향성을 상실했기 때문에 엉뚱한 다른 것이 그 자리를 차지해 버렸습니다. 그것은 바로 기복주의 신앙, 번영주의 신앙, 물량적 성장주의 신앙입니다. 그런 것들은 기독교 신앙의 핵심이 아닙니다. 우리는 참된 신앙, 참된 구원의 목적을 되찾아야 합니다.

성령의 교제(koinonia)

우리로 하여금 신성한 성품에 참여케 하고, 하나님 나라에 참여케 하는 것이 바로 성령의 교제(고후 13:13 빌 2:1), 성령의 코이노니아입니다. 성령은 홀로 자신 안에 머물러 계시는 분이 아니라, 창조세계 안에, 우리들 안에 들어오셔서 하나님과 교제하게 하시고, 하나님 안에서 서로 교제하게 하십니다.

성령이 우리로 하여금 하나님의 성품에 코이노니아하게 하시는 것은 성령의 열매를 맺음으로(갈 5:22-23) 나타납니다. "오직 성령의 열매는 사랑과 희락과 화평과 오래 참음과 자비와 양선과 충성과 온유와 절제니 이 같은 것을 금지할 법이 없느니라." 또한 성령이 우리로 하여금 하나님 나라를 증거하고 전파하며 하나님 나라를 섬기게 하시는 능력은 성령의 은사들로 나타납니다. 성령의 은사들은 어떤 개인의 복락과 신비체험을 목적으로 하는 것이 아니라, 교회와 하나님 나라를 섬기기 위한 능력으로 주어지는 선물입니다. 우리 모두 이 성령의 코이노니아에 참여하는 사람들이 됩시다.

생각해 볼 문제

1. 성령의 충만함이란 무엇이며, 어떻게 성령의 충만함을 받을 수 있을까요?

2. 성령의 은사들은 어떤 것이 있으며, 어떻게 은사들을 받을 수 있을까요? 또한 우리는 은사들을 어떤 태도와 방식으로 사용하여야 할까요?

3. 성령의 열매들에는 어떤 것이 있으며, 어떻게 성령의 열매를 맺을 수 있을까요?

더 읽을 만한 책

최윤배. 『성령론 입문』. 서울: 장로회신학대학교출판부, 2010.

현요한. 『성령, 그 다양한 얼굴』. 서울: 장로회신학대학교출판부, 1998.

Bridges, Jerry. 『하나님의 성품 연습』. 황혜정 역. 서울: 아가페, 2007.

Ferguson, Sinclair B. 『성령』. 김재성 역. 서울: IVP, 1999.

Levison, Jack. 『성령과 신앙: 미덕, 황홀경, 지성의 통합』. 홍병룡 역. 서울: 성서유니온, 2016.

Turner, Max. *The Holy Spirit and Spiritual Gifts*. 김재영, 전남식 역. 『성령과 은사: 신약은 성령에 대해 무엇을 말하고 오늘날 성령의 은사는 어떻게 나타나는가』. 서울: 새물결플러스, 2011.

구원론

구원의 은총과 구원의 확신에 관하여

박성규

구원론

들어가는 말

'구원'이란 무엇입니까? 이 질문을 받게 되면 한국의 대부분의 그리스도인들은 선뜻 뭐라고 대답을 잘 못합니다. 구원의 확신을 가지고 있다는 그리스도인들조차도 자신이 받은 그 구원이 무엇인지 뭐라고 정확히 말하기를 주저합니다. 혹은 어떤 신자들은 구원이란 '죽어서 천국 가는 것'이라고 대답할 것입니다. 물론 '죽어 천국 가는 것'이 구원의 결과인 것은 사실입니다. 그러나 성경에서 말하는 구원은 그것이 전부가 아닙니다. 오히려 성경에서 말하는 구원의 본질은 다른 것에 있습니다. 대부분의 한국교회 그리스도인들은 구원에 대한 확신을 가지고 있으면서도 정작 구원의 본질이 무엇인지를 잘 모르고 있는 경우가 많습니다. 이 장에서는 구원에 관하여 그리스도인들이 꼭 알아야 할 내용을 친절하게 소개하기로 하겠습니다. 이를 위해 우선 성경에서는 구원에 관하여 무엇이라고 말하는지 먼저 살펴보기로 하겠습니다. 그런 다음 구원에 관하여 그리스도인이라면 꼭 알아두어야 할 중요한 주제들을 몇 가지 설명할 것입니다. 마지막으로 그리스도인들이라면 누구나 관심을 가지게 될 실제적인 질문 즉, "어떻게 하여야 구원을 받을 수 있는가"라는 물음에 구체적인 답을 제시해 보고자 합니다.

구원에 대한 개괄적인 이해

우선 여기서는 구원에 관한 전체적인 이해를 개괄해 보기로 합니다. 우리가 생각하는 구원에 대한 개괄을 그림으로 나타내 보자면 아래와 같습니다.

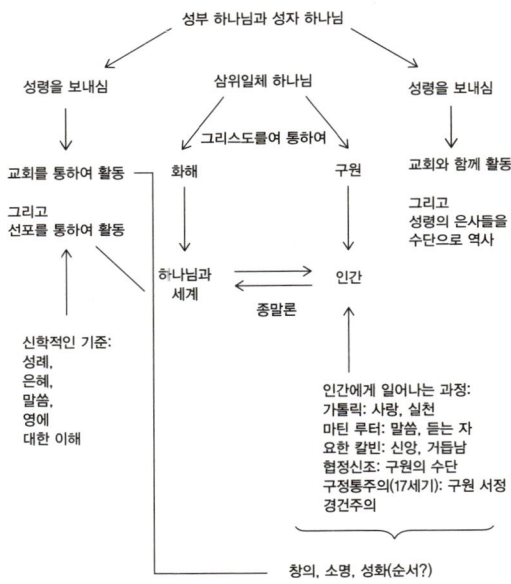

위 그림에서 볼 수 있듯이 성부, 성자, 성령 삼위일체 하나님은 그리스도를 통하여 이 세계를 하나님과 화해시키시고, 인간을 구원하십니다. 성부 하나님과 성자 하나님은 우리 인간의 구원을 위하여 성령을 이 세상

에 보내십니다. 여기서 알 수 있듯이 구원은 성부, 성자, 성령 삼위일체 하나님의 사역입니다. 물론 구원이 예수 그리스도를 통하여 일어난 것은 사실입니다. 그러나 구원은 성부 하나님의 영원한 결의로, 예수 그리스도 안에서 성령을 통하여 일어난 은혜의 사건입니다. 하나님이 영원 전부터 결의하셨으며, 예수 그리스도의 십자가의 대속의 죽음과 부활 안에서 다 이루셨으며, 성령을 통하여 오늘도 우리에게 구원의 효력이 나타나게 하십니다.

다시 한번 강조하지만, 구원은 성부, 성자, 성령 삼위일체 하남님의 사역입니다. 구원이 삼위일체 하나님의 사역임을 바로 알아야 구원의 내용도, 구원의 삶도 풍부해집니다. 따라서 종교개혁가 칼빈도 인간 구원의 원인을 네 가지로 소개하고 있습니다. ① 우리에게 영생을 주는 '작용 원인': 성부 하나님의 자비와 사랑, ② '내용적 원인': 예수 그리스도와 그의 순종. 그 순종으로 우리에게 의를 얻게 하심, ③ '형식적 또는 도구적 원인': 신앙, 즉 성령께서 선물로 주시는 신앙, ④ '목적 원인': 하나님의 의를 드러내고, 하나님의 선하심을 찬양.

성부 하나님과 성자 하나님으로부터 보냄을 받은 성령은 한편으로는 교회와 교회의 선포를 통하여 이 세계에 역사하시고, 다른 한편으로는 교회와 은사들을 수단으로 우리 인간들에게 역사하십니다. 그렇게 하여 인간에게 일어나는 구원의 내용은 칭의, 성화, 소명의 세 가지 형태로 나타납니다. 그렇게 하나님과 화해된 세계는 다시 인간에게 영향을 미치고, 또 하나님에 의해 예수 그리스도를 통하여 구원받은 인간은 다시 하나님과 화해된 세계에 영향을 미치며, 이 과정은 종말이 올 때까지 지속됩니다.

구원과 관련된 이러한 기본적인 내용은 종파와 교단을 초월하여 거의 모든 교회에 공통적인 것이라 할 수 있습니다. 그런데 기독교 종파와 교단 사이에 구원에 관한 이해에 있어 무슨 차이가 있는 것일까요? 잘 알다시피 실제로 로마 가톨릭과 개신교 사이에는 이 구원에 관한 이해에 있어서 근본적인 차이가 있다고 볼 수 있습니다. 더 구체적으로 말해서 로마 가톨릭과 개신교가 나뉘게 된 것은 다름 아닌 바로 구원이해가 근본적으로 달랐기 때문입니다. 비단 로마 가톨릭과 개신교뿐만 아니라, 위의 도표에서 보듯이 개신교 내에서도 루터, 칼빈, 구 정통주의, 경건주의가 구원을 서로 달리 이해하고 있습니다. 따라서 그리스도인은 자신이 속한 교회의 교단이 구원을 어떻게 이해하고 있는지 바로 알아야 건강하고 확신있는 신앙생활을 할 수 있습니다.

성경에서 말하는 구원

서론에서도 밝혔듯이 구원에 관하여 말해주는 성서의 용어는 천국이라기보다는 오히려 다른 용어들입니다. 그것은 다름 아닌 바로 '의' 또는 '은혜'입니다. 구약에서는 의 또는 은혜가 주로 구원을 알려주는 용어들이고, 이러한 사실은 신약에서도 마찬가지입니다. 실제로 '구원을 얻는 것'의 본질은 '죽어서 천국에 들어가는 것' 이전에 '하나님의 의'를 얻는데 있습니다. 사후에 천국에 들어가는 것은 구원 받은 것의 결과이지, 우선적인 의미에서 구원의 내용이 아니라고 할 수 있습니다. 천국에 들어가는 것은 구원의 결과이지 지금 여기를 살아가는 그리스도인들의 구원의 내용 그 자체가 아닌 것입니다. 실제로 성경은 천국에 관하여 설명할 때 우리가 죽어서 가는 천국 뿐만 아니라, 이 땅에 임하는 하나님의 나라에 관해서도 말씀하고 있기 때문입니다. 우리가 주일마다 함께 하는 주기도문 속에는 실제로 죽어서 가는 천국보다는 오히려 이 땅에 임하는 하나님의 나라만이 기도의 내용이 되고 있습니다. 이 사실만 보더라도 구원의 궁극적인 의미가 죽은 후에 천국 가는 것에만 있는 것이 아님을 알 수 있을 것입니다. 오히려 성경에서 구원의 궁극적인 의미는 '하나님의 의'와 관련되어 있습니다. 이러한 사실을 구약과 신약에서 좀 더 구체적으로 알아보기로 합니다.

구약성경에서 말하는 구원

구약에서 구원을 말해주는 개념은 대부분 '의'(체데크/체다카) 또는 '은혜/신실함'(헷세드)입니다. 그런데 이 개념들이 공통적으로 가지고 있는 특징이 있습니다. 그 특징이란 바로 이들이 모두 '관계개념'이라는 사실입니다. 구약에서 구원을 말해주는 '의'와 '은혜'는 모두 '관계'를 나타내주는 개념들입니다. '의'와 '은혜'가 모두 관계를 나타내는 개념이라는 말은 우리가 구원을 이해하는 데 있어서 매우 중요합니다. 왜냐하면 결국 구원은 하나님과 인간 사이의 관계의 문제라는 것을 말해주고 있기 때문입니다. 그런데 하나님과 인간 사이의 관계에서 하나님의 구원행위는 곧 '하나님의 의'를 전달하는 것입니다. 하나님은 이러한 자신의 의를 전달하심으로써 이스라엘과 공동체 관계를 이루고자 하는 자신의 의지를 계시하셨습니다.

"주의 의에 따라 나를 구원하시며 나를 자유하게하시며"(시 71:2). 이 구절에서 구원과 의가 함께 연결되어 있다는 사실이 바로 루터로 하여금 종교개혁적인 신학을 발견하게 하는 데 결정적인 역할을 하였습니다. "산들이 백성에게 구원을 주며 작은 산들이 의를 주리라"(시 72:3) "여호와여 주는 의로우시고 주의 판단은 옳으니이다 주께서 주신 명령들은 의롭고 지극히 성실하나이다"(시 119:137-138).

구약에서 인간은 계명들을 지킴으로써 하나님과의 공동체적인 관계를 유지할 능력이 있으면 이러한 의 "안에" 머물게 됩니다. (시 15편, 24편) 하나님과의 연합의 관계는 구원을 가져다주고, 생명과 번영을 가져다 줍니다.

이러한 여호와의 구원행위들에 관한 지식은 시편의 제의 또는 잠언 속에서 지혜를 가르치는 자들을 통해 계승되어 전달되었으며, 예언자들에게 있어서 '하나님의 의'는 미래에 침투해 오는 새로운 구원역사의 종점으로 이해됩니다. 그러니까 하나님의 의는 역사적으로 끊임없이 전달됩니다.

신약성경에서 구원이해

신약성경에서는 구원에 관한 이해를 크게 네 가지 형태로 나누어 살펴볼 수 있습니다. 그것은 예수 그리스도께서 선포하신 말씀들 속에 나타나는 구원이해와 사도 바울 이전의 그리스도 교회에 나타나는 구원에 관한 표현들, 그리고 사도 바울의 구원이해와 요한복음이 전하고 있는 구원입니다.

예수 그리스도의 선포 속에 나타나는 구원이해

예수 그리스도는 '하나님의 의'라는 개념을 공공연하게 사용하지 않습니다. 실제로 공관복음에서 구원을 나타내는 대표적인 표현들은 하나님의 나라 또는 하늘나라입니다. 그러나 예수 그리스도는 하나님 나라를 선포하는 가운데 하나님을 증언합니다. 그런데 그 하나님은 잃어버린 자들을 찾으시며(눅 15:11-32), 죄인들을 용납하고, 스스로 의롭다고 여기는 자들을 버리시는(눅 18:9-14, 마 21:31) 분으로 그리스도에 의해 증언되고 있습니다. 이러한 하나님의 관심에서 왜 하나님이 '의'와 '동료인간애'를 요구하시는지 그 이유를 찾을 수 있습니다(마 5:20). 용서받을 수 없는 죄는 오직 성령을 거스르는 죄가 있을 뿐입니다(막 3:29).

바울 이전의 그리스도교가 전하는 구원에 관한 표현들

예수 그리스도는 '하나님 나라'를 구원의 중심으로 선포한 반면에, 사도 바울 이전의 초대 그리스도교에서는 대체로 구원을 '예수 그리스도' 그 자신을 중심으로 선포하였습니다. 즉, "그리스도의 십자가와 부활 속에서 우리를 위한 죄용서와 칭의가 이루어졌다"(롬 4:25)는 사실이 구원의 핵심내용이었습니다. 고전 6:11에 의하면 세례의 씻음을 통하여 죄를 용서 받습니다. 그리고 하나님은 성화를 통하여 교회 공동체를 자신의 소유로 정하셨고, 자신의 의를 주심으로써 공동체의 지체들을 자신과 올바른 관계에 들게 하셨습니다. 그리스도를 속죄 제물로 공개적으로 드러내는 것은 하나님의 의에 대한 증거입니다. 이를 통하여 죄악들에 의해 쌓인 죄책은 제거되었습니다(롬 3:24-26).

사도 바울의 구원이해

그런가하면 사도 바울이 주로 사용하는 구원개념은 '영광', '생명', '능력', '평화', '구원', '화해', '계약', '아들의 이름을 얻는 것', '의', '기쁨', '그리스도 안에 있음' 등의 다양한 내용으로 나타납니다. 그럼에도 불구하고 사도 바울에게 있어서 구원을 말해주는 핵심 개념은 "하나님의 의"이며 이 의는 세계와 인간에 대한 하나님의 최종적인, 종말론적 심판입니다. 그런데 바울에게 있어서 그 심판은 신앙 안에서 지금 이미 일어날 수 있습니다. 동시에 그 심판은 그리스도인들의 미래의 희망의 대상이 됩니다(갈 5:5 [의에 대한 희망], 롬 3:21f.["이제 율법의 도움 없이 하나님의 의가 계시되었나니 …"]) 나아가 그러한 심판이 계시되는 곳은 그리스도의 십자가와 부활입니다. 그런데 예수 그리스도의 십자가와 부활에서 일어난 그 심판은 무엇을 의미합니까? 그 심판이 의미하는 것은 죄의 지배로부터(롬 6:7) 그리고 율법의 의로부터(갈 2:19, 롬 10:4) 자유선언입니다. 즉, 하나님이 예수 그리스도의 십자가와 부활에서 계시하신 그 심판은 우리에게 멸망과 죽음을 선고하는 심판이 아니라, 오히려 우리에게 죄와 율법적인 의로부터의 자유를 선고하는 심판입니다. 신앙 안에 있는 사람에게 하나님의 의는 틀림없이 주어지며(롬 3:28), 인간은 자기 자신과 이 세계에 대한 하나님의 그러한 심판을 긍정해야 하며 그 심판에 순종해야 합니다(롬 10:3). 그렇게 하면 인간은 이제 자신의 편에서 그 의에 봉사할 자유를 얻게 됩니다(롬 6:18[의에 봉사할 수 있게 되었느니라], 8:4[성령을 따라 행하는 가운데 의가 성취되어]). 이렇듯 사도 바울에게 있어서 하나님이 그리스도 안에서 의롭다 함을 입은 사람들에게 주시는 '자유'란 언제나 이중적인 의미로 사용되고 있습니다. 즉, 한편으로는 죄와 사망으로부터의 자유선언이며, 다른 한편으로는 자유를 선언 받은 사람이 이제 자신의 편에서 하나님의 의에 봉사할 자유입니다. 전자를 하나님의 은혜라고 한다면, 후자를 우리 자신에 대한 하나님의 요청이라고 합니다. 이 둘은 항상 불가분의 관계에 있습니다. 은혜가 요청의 전제이고, 요청은 은혜의 목표입니다.

요한복음의 구원이해

요한복음은 하나님의 의에 관하여 명시적으로 말하고 있지는 않습니다. 실제로 요한복음에서 구원을 나타내는 대표적인 표현들은 '진리', '빛', '영광', '생명'입니다. 구원과 관련하여 요한복음은 사도 바울과 거의 전적으로 일치하고 있습니다. 요한복음에 있어서도 마찬가지로 그리스도는 하나님 아버지께 가는 유일한 길이며(요 14:6), 그리스도 안에서 하나님의 은혜와 진리가 인간에게 온 것입니다(요 1:17). 하나님의 은혜와 진리가 인간을 최종적으로 심판하고 규정합니다. 그러나 사도 바울과는 달리 요한은 심판의 영역인 삶의 경험으로부터 오는 말씀들로서 하나님이 인간을 새롭게 하시면서 다가오심에 관하여 말합니다. 즉, 죽음으로부터 생명에 이르고, 하나님의 영으로부터 새롭게 태어남에 관하여 말하고 있습니다(요 3:3-5[니고데모]). 그리하여 제자들은 사랑으로 예수 그리스도와 연결됩니다(요 13:34[새 계명: 서로 사랑하라]).

성경이 전하는 '구원'에 관하여 마지막으로 꼭 알고 넘어가야 할 한 가지가 남아 있습니다. 그것은 우리의 '구원'에 있어서 성령의 역할입니다. 신약성경에서 성령은 구원을 '현재화'하는 아주 중요한 역할을 합니다(요 3:5, 6:63, 7:38이하, 고후 1:22, 5:5, 롬 8:23, 고전 12-14장의 성령의 은사, 요 14-16장의 보혜사 참조). 이는 많은 그리스도인들이 간과하고 있는 사실입니다. 흔히들 '구원'에 관하여는 오직 예수 그리스도의 십자가와 부활만 생각하는 경향이 있습니다. '구원'이 오직 예수 그리스도의 십자가와 부활에 대한 믿음으로 이루어지는 것은 사실입니다. 그러나 이미 말한 바와 같이 구원에 대한 좀 더 깊고도 올바른 이해를 하기 위해서는 구원이 성 삼위일체 하나님의 사역임을 잊어서는 안 됩니다. 구원하기로 창세전부터 결의하신 분이 하나님이시라면, 그 구원을 성취하신 분이 예수 그리스도이며, 예수 그리스도 안에서 성취된 그 구원을 오늘날 우리의 구원으로 현재화 하는 분이 바로 성령입니다. 따라서 구원을 올바르게 이해하기 위해서는 반드시 구원을 위한 성령의 사역과 역할을 함께 생각해야 합니다.

성경이 말하는 '구원이해'에 관하여 종합적으로 정리하자면 이렇습니다. 성경에서 말하는 구원의 핵심은 하나님의 의입니다. 그런데 이 하나님의 의는 구약에서나 신약에서나 은혜로 주어지는 것입니다. 물론 구약에서 하나님의 의가 신약에서보다 인간의 실천과 더 긴밀하게 관련되어 있는 것이 사실입니다. 그럼에도 불구하고 하나님의 의는 인간의 행함에 전적으로 달려있기 보다는 오히려 하나님의 은혜에 전적으로 달려있습니다. 구약에서 하나님의 의 그 자체가 이미 은혜 또는 하나님의 신실하심을 전제로 하고 있기 때문입니다(브룬너). 신약에서도 '하나님의 의'는 예수 그리스도를 통하여 우리에게 값없이 은혜로 주어진 것으로 선포되고 있습니다. 신약성서에 의하면 구원의 은총은 본질적으로 선물로 주어진 것입니다. 은혜는 갚을 수 없는 것입니다. 은혜는 그리스도 때문에 오직 믿는 자들에게만 주어지는 순수한 선물입니다. "만일 은혜로 된 것이면 행위로 말미암지 않음이니 그렇지 않으면 은혜가 은혜 되지 못하느니라"(롬 11:6).

  이제 성경에서 말하는 구원의 핵심은 '의'에 있음을 알게 되었습니다. 그렇다면 도대체 왜 성경에서는 의를 구원의 핵심 내용으로 삼고 있는 것일까요? 예를 들어 '평화'라든지 '행복', 또는 '질서' 등과 같은 여타의 가치들도 많이 있는데 왜 하필이면 '의'가 구원의 핵심 내용이 될까요? 그것은 인간이 죄를 지을 때 무너진 것이 다름 아닌 바로 하나님의 의였기 때문입니다. 따라서 인간이 범죄함으로 잃어버린 것도 하나님의 의였기 때문입니다. 죄로 말미암아 파괴된 하나님의 형상도 다름아닌 하나님의 의이며, 따라서 우리 인간 속에 회복되어야 할 하나님의 형상도 의이기 때문입니다. 우선, 성경에서 구원을 말할 때 핵심내용으로 삼고 있는 의가 우리 인간이 이 세상의 국가질서나 사회적 질서, 정치이념 또는 무수한 가능한 사상들을 통해서 만들어 낼 수 있는 정의가 아니라 '하나님의 의'를 말하고 있다는 사실을 염두에 두어야 합니다. 그러한 하나님의 의는 인간질서에서 흔히 말하는 상대적인 의가 아니라, '절대적인 의'입니다. 모든 상대적 의들이 그 절대적인 의 앞에서 더 이상 정의라고 주장할 수 없을 정도로, 아니 스스르 불의라고 인정할 수밖에 없을 정도의 절대적인 의입니다. 그러한 하나님의 절대적인 의는 반드시 바로 세워져야 하며 훼손될 수 없는 것입니다. 그러한 의를 세울 수 있는 분은 오직 하나님 한 분 뿐입니다. 인간이 정치, 경제, 사회, 문화, 윤리, 도덕, 심지어 종교를 통해서도 그러한 하나님의 절대적인 의를 세우거나 회복시킬 수 없습니다. 하나님의 그러한 절대적인 의를 세우고자 하는 모든 인간적인 시도들과 노력들은 모두가 허사이며 수포로 돌아가게 되어 있습니다. 왜냐하면 인간이 하나님과의 계약을 어기고 선악을 알게 하는 나무의 열매를 따먹은 그 순간부터 이미 인간은 모두 상대적인 것을 선악의 기준으로 삼는 죄악의 길에 들어서 있기 때문입니다. 더 이상 선악의 절대적인 기준이 되는 하나님의 의를 자신의 기준으로 삼지 못하게 되었기 때문입니다.

둘째, 그러한 하나님의 절대적인 의는 철저한 하나님과의 관계를 나타내는 것이기 때문에 하나님의 '의'가 구원의 핵심내용이 됩니다. 즉, 하나님과의 관계를 회복시킬 수 있는 길은 바로 이러한 하나님의 절대적인 의가 회복되는 길 밖에 없다는 것입니다. 그런데 이미 살펴보았듯이 그러한 하나님의 의를 회복시킬 수 있는 주체는 오직 하나님 밖에 없습니다. 인간은 그러한 의를 회복시킬 수 없기 때문입니다. 따라서 '구원'은 하나님께서 자신의 절대적인 의를 회복시키는 길밖에 없습니다.

셋째, 그러한 하나님의 절대적인 의가 있으면 인간에겐 생명이 있는 것이고, 그 '의'가 없으면 인간에겐 곧 죽음을 의미하기 때문입니다. 구약성서와 신약성서에서 구원과 관련하여 공통적으로 등장하는 내용은 인간에게 '하나님의 의'가 있으면 생명이 있으며, 하나님의 의가 없으면 곧 '죽음'이 있을 뿐입니다. 이는 현실적인 삶 속에서도 그대로 반영되는 사실입니다. 우리가 현실의 삶을 살 때에도 '의'가 있는 삶은 생명이 있습니다. 그러나 '의'가 없는 삶은 곧 살아도 사는 것 같지 않은 인생이며, 살아 있으나 '죽어 있는' 삶이나 다름없습니다. 이처럼 하나님의 절대적인 의는 곧 생명과 직결된다고 할 수 있습니다. 최후의 심판에서도 심판의 기준은 곧 하나님의 절대적인 의이며, 천국과 지옥의 판결의 기준도 곧 하나님의 절대적인 의에 있다는 사실을 보면 왜 '의'가 구원의 핵심내용이 되는지를 알 수 있을 것입니다.

구원의 주요 주제들

구원과 은총

구원에 있어서 가장 기본적이고 근본적인 주제를 들라고 한다면 다름 아닌 바로 '구원과 은총'일 것입니다. 왜냐하면 바로 이 문제로 인하여 개신교와 가톨릭의 구원이해가 갈리기 때문입니다. 흔히들 개신교는 '오직 믿음으로 의롭다 함을 얻게 된다'고 주장하며, 가톨릭은 '선한 행위로도 구원을 얻게 된다'는 공적설을 주장한다고 알고 있습니다. 바로 이러한 이해가 곧 '구원과 은총'의 문제입니다. 즉, 개신교가 '오직 믿음'으로 의롭다 함을 얻는다고 주장하는 근거는 구원이 '오직 은총으로만'(sola gratia) 이루어진다고 믿기 때문입니다. 그런데 가톨릭이 '선한 행위로 구원을 얻을 수 있다'고 보는 이유도 역시 구원이 '오직 은총으로' 이루어진다고 보기 때문입니다. 가톨릭도 역시 '오직 은총'을 강조하고 있습니다. 그렇다면 무슨 차이가 있는가? 그 차이는 다름 아닌 바로 '은총'에 대한 이해가 다르다는 사실에 있습니다. 개신교가 '오직 은총'을 액면 그대로의 사실로 믿고 '오직 은총'을 구원을 이해하는 데 철저하게 관철시켜 적용했던 반면에, 가톨릭은 '오직 은총'을 강조하기는 했지만, 그것을 구원을 위하여 실제로 철저하게 적용하고 있지 않다는 사실입니다. 다시 말하면 개신교에서는 인간의 구원을 이루는데 '오직 은총'이 시작이자 마지막이며 원인이자 결과이지만, 가톨릭에서는 '오직 은총'이 인간의 구원을 이루는 시작이기는 하지만, 그 구원을 이루는 데 인간의 노력과 선행이 빠질 수가 없습니다. 이 내용을 좀 더 구체적으로 살펴보기로 합시다.

로마 가톨릭교회는 인간에게 일어나는 구원의 과정을 사랑과 행위라고 봅니다. 로마 가톨릭의 신학을 이해하기 위해서는 토마스 아퀴나스가 매우 중요합니다. 토마스는 가톨릭의 신학을 총체적으로 집대성한 대신학자이고 지금까지도 로마 가톨릭의 신학을 이해하는 데 결정적인 역할을 하기 때문입니다. 토마스에 따르면, '첫 번째' 또는 '선행하는' 은총 때문에 죄인은 하나님과의 건강한 관계를 맺고 유지할 수 있으며, 그러한 은총은 인간이 그 무엇으로도 스스로 획득할 수 없습니다. 여기서 보듯이 로마 가톨릭도 개신교와 마찬가지로 인간이 스스로 획득할 수 없는 하나님의 은총을 강조합니다. 그렇다면 로마 가톨릭의 구원론이 무엇이 문제란 말인가? 결정적인 문제는 바로 그 은총에 대한 이해의 차이에 있습니다. 토마스 아퀴나스에 따르면, 여기서 말하는 은총이 인간에 대한 하나님의 행동으로 이해될 뿐만 아니라, 성례전들을 통하여 인간에게 분배될 수 있는 신적인 힘으로도 이해됩니다. 즉, 은총이 끊임없이 지속적으로 일어나는 하나님의 행동이 아니라, 이제는 은총이 그 자체로 어떤 구원의 힘으로 작용하는 신성한 능력이 된다는 말입니다. 쉽게 말하자면 구원이 '하나님의 은총'으로 이루어진다고 개신교나 가톨릭이 동일하게 말하고 있지만, 개신교가 '하나님'에 강조점을 두고 있다면, 가톨릭은 '은총'에 강조를 두고 있습니다. 이제 가톨릭에 따르면 이렇게 주입된 은혜(gratia infusa)는 인간에게 자신의 힘으로 하나님과 이웃을 사랑할 수 있는 능력의 상태에 있게 하며(habitus), 그렇게 함으로써 하나님 앞에서 스스로의 선행으로 구원을 얻을 수 있는 능력을 얻게 합니다. 토마스에 따르면 칭의는 하나님의 은혜에 의해 가능하게 된 변화과정에 속합니다. 그리고 그러한 변화의 과정이 사람을 하나님 앞에서 의롭게 만들며, 사람들에게 영생에의 참여를 약속합니다. 여기서 가톨릭은 구원을 하나의 변화과정으로 이해하고 있다는 점도 기억할 필요가 있습니다. 이점이 개신교의 구원이해와 차이점이기도 합니다. 왜냐하면 개신교에서는 하나님께서 예수 그리스도의 십자가에서 단번에 이루신 칭의가 인간의 구원이기 때문입니다. 하나님의 은혜로 이루어진 구원의 칭의는 예수 그리스도의 십자가에서 단번에 이루어진 사건이며, 따라서 반복될 수 없는 사건입니다. 그렇기에 칭의의 사건은 예수 그리스도 안에서 단 번에 이루어진 사건이지, 우리 인간의 변화 가운데 과정으로 일어나는 사건이 아닙니다. 그러나 가톨릭에서는 칭의를 우리 인간 속에서 일어나는 점진적인 변화과정으로 이해합니다. 그렇기에 가톨릭에서는 칭의를 이루기 위해 인간의 선한 행위와 업적이 중요한 역할을 차지하게 됩니다. 그러나 개신교에서는 그 어떤 인간의 선한 행위도 인간의 구원을 위해 아무런 역할을 하지 못합니다. 오히려 인간의 선한 행위는 하나님의 은혜로 이루어진 칭의의 열매일 뿐입니다. 그렇지만 그 열매라 할지라도 있어도 되고 없어도 되는 것이 아니라, 구원의 결과로 반드시 일어나게 되는 필연적인 열매입니다. 바로 이 열매의 문제를 개신교에서는 성화라고 부릅니다. 따라서 다음 장에서는 칭의와 성화의 문제를 다루어 보기로 합니다.

칭의와 성화

'칭의'와 '성화'는 '구원'을 위한 필수적인 두 기둥이라 할 수 있습니다. 어느 것 하나 필요 없거나 덜 중요한 것이 없습니다. 두 기둥이 모두 구원에 필수적인 요소입니다. 흔히들 우리는 구원을 말할 때 단순히 '믿음으로 의롭다 함을 얻는 것'만을 생각하기가 쉽다. 그러나 사실은 그렇지가 않습니다. 물론 믿음으로 의롭다함을 얻는 칭의는 구원의 필수요소입니다. 그러나 그에 못지않게 동일한 정도로 필수적인 요소가 또한 성화입니다. 많은 그리스도인들이 이 점을 놓치고 있습니다. 구원에 있어서 칭의만 생각하고 성화를 놓치게 되면 반쪽짜리 구원이해를 가질 수밖에 없습니다. 칭의가 '사느냐 죽느냐'의 문제라면, 성화는 '이제 의롭다 함을 인정받은 그리스도인이 어떻게 살 것인가'의 문제입니다. 간단히 말해서 칭의는 '의롭다 함을 인정받는 것'이고, 성화는 '거룩한 삶을 사는 것'입니다.

칭의와 성화의 불가분의 관계성

칭의와 성화는 그리스도의 두 본성 즉, 신성과 인성이 분리될 수 없는 관계에 있는 것처럼 불가분의 관계에 있습니다. 칭의는 성화와 절대로 분리될 수 없는 관계에 서있습니다. 비록 그 둘이 상호 혼합되거나 변형되어서는 안 되지만, 서로 분리될 수 없도록 밀접한 관계에 있습니다. 그 이유는 칭의와 성화 둘 모두가 동시에 한 분 그리스도 안에 실현된 한 구원사건에 근거하고 있기 때문입니다. 그리스도께서는 "우리에게 의로움과 [동시에] 거룩함이"(고전 1:30) 되셨기 때문입니다. 따라서 칭의와 성화는 "한 분 하나님이 주체가 되시는 동일한 한 [구원]행위의 두 계기 혹은 두 관점일 뿐"입니다. 십자가와 부활이 한 분 그리스도의 사건인 것처럼, 칭의와 성화도 한 분 그리스도의 사건입니다. 따라서 종교개혁가 칼빈은 칭의와 성화의 불가분의 관계에 관해 이렇게 말하고 있습니다. "그리스도께서는 동시에 성화시키지 않는 사람은 그 누구도 칭의시키지 않으신다."(기독교강요 III, 16,1)

이러한 이유로 칭의와 성화는 결코 분리해서 생각되어져서는 안 됩니다. 칭의와 성화를 상호 분리한 채로 생각할 때 다음과 같은 엄청난 구원의 위험이 야기된다고 바르트는 경고합니다. "즉, 한편으로는 하나님을 홀로 외롭게 행동하시는 분으로 이해하는 오류와 하나님의 '값싼 은혜'(D. Bonhoeffer)에 대한 오류 그리고 소위 말하는 게으른 정숙주의의 오류가 칭의와 성화의 불가분의 관계가 무시되는 곳에서 야기될 것입니다. 다른 한 편으로는 스스로 은혜를 만들어야 하고, 홀로 외로이 행동하는 인간에 대한 오류나 환상적인 행동주의의 오류가 칭의와 성화의 불가분의 관계가 간과되는 곳에서 야기될 것입니다."

칭의와 성화의 구분의 필연성

위에서 밝힌 바와 같이 칭의와 성화는 상호 분리될 수 없는 절대적인 불가분의 관계에 있습니다. 그러나 그것이 전부가 아닙니다. 칭의와 성화는 상호 분리될 수 없는 절대적인 불가분의 관계에 있지만, 그럼에도 불구하고 그런 불가분의 관계가 양자가 동일하다는 것을 의미하는 것은 아닙니다. 칭의와 성화는 따라서 필연적으로 구분되어져야 하는 관계에 있습니다. 그 둘이 분리는 될 수 없지만, 반드시 구분되어야 합니다. 따라서 "성화는 칭의가 아니며" 또한 "칭의는 성화가 아닙니다". 칭의와 성화가 상호 분리될 때에 야기될 위험성도 있지만, 또한 상호 구분되지 않고 동일시 될 때에 야기될 위험성도 심각합니다. 즉, 양자가 동일시 될 때에는 구원론적인 문제가 야기된다는 것입니다. 다시 말해서 성화가 칭의를 대신하고자 할 때에는 마치 인간이 자기 자신의 선한 행위를 통해서 죄 용서와 구원을 받을 수 있을 것과 같은 인상을 주는 위험이 야기 될 수 있습니다. 이러한 오류에 대한 대표적인 예로 어거스틴을 잇는 로마 가톨릭 신학뿐만 아니라, 19세기 자유주의 신학에서도 다양한 형태로 찾아 볼 수 있습니다. 만일 성화가 칭의를 대치해 버린다면, 신앙과 순종의 삶이 구분되지 못하게 됨으로써 선행으로 구원을 얻는다는 그런 오류의 결론이 되풀이 될 수밖에 없습니다. 따라서 신앙과 사랑은 구분되어야 합니다. 물론 이 양자가 상호 밀접하게 연결되어 있지만, 이 양자는 동일시 될 수 없고 또 상호 혼합되어서도 안 되며, 따라서 신앙은 칭의와 사랑은 성화와 관계되어 있는 것으로 구분되어야 합니다.

　　이처럼 성화가 칭의가 아니듯, 칭의도 성화가 되어서는 안 됩니다. 칭의와 성화가 상호 '혼합되거나 호환될 수 없다'는 사실을 주의하지 않으면, 앞서와는 반대의 경우로 성화가 칭의론 속으로 흡수되어 버리고 말 것입니다. 그렇게 되면 성화가 칭의가 되고자 할 때와 마찬가지로 구원론적인 손상이 여기서도 야기됩니다. 흔히들 우리는 "오직 믿음으로 의롭다함을 얻는다"는 칭의론을 일방적으로 주장하기 쉽습니다. 그러나 이러한 칭의 일원주의에서는 선행의 필연성이 아주 힘들게만 그리고 그저 스쳐지나가듯이 주장되었고 또 앞으로도 그렇게 될 수 있습니다. 그렇게 됨으로써 '용서의 삶' 혹은 '위로받은 절망' 혹은 그리스도인의 자유 혹은 신앙이 행동으로 나타나는 사랑 등에 관해서는 분명한 표현이 가끔은 불가능하게 되기 쉽습니다. 반면에 성서에서 말하는 예수 그리스도와 성령의 사역으로서의 하나님의 주권적인 은총의 사역은 인간의 칭의 뿐만 아니라 성화도 포함하고 있습니다. 따라서 바르트에 따르면 성화는 거룩하게 하는 은혜로 이해되고 받아들여져야만 합니다.

　　정리하자면 성화는 칭의가 아닙니다! 칭의가 처음부터 아예 성화의 시작단계로 이해되어서도 안 되며, 성화의 단순한 전제로만 이해되어서도 안 됩니다. 반대로 칭의 또한 성화가 아닙니다! 성화는 처음부터 아예 칭의의 다른 표현으로 이해되어서는 안 됩니다. 성화는 칭의의 부수물이나 부연설명이 아니며 칭의 그 자체에 대한 첨가물이 될 수 없습니다. 이런 의미에서 칭의는 성화와 연결되어 있으나 그 자체로 고유하게 칭의가 될 수 있어야 하며, 성화 또한 칭의와 밀접하게 연결되어 있으나 그 자체로 고유하게 충분히 성화가 될 수 있어야 합니다.

칼빈은 이를 정확하게 강조하고 있습니다. "우리가 그리스도와의 연합에서 받게 되는 것은 이중은혜(duplex gratia)이다. (Calvin, Inst. III,11,1)" 여기서 칼빈이 말하는 '이중은혜'가 다름 아닌 바로 칭의와 성화입니다.

칭의와 성화의 논리적 순서

이제 칭의와 성화의 관계에 대한 바르트의 이중적인 이해가 분명해 졌습니다. 칭의와 성화는 불가분의 밀접한 관계에 있으면서도 동시에 상호 필연적으로 구분되어져할 관계에 있습니다. 이는 하나의 변증법적인 관계라 할 수 있을 것입니다. 즉, 칭의와 성화의 구분이 그 둘의 분리를 의미하는 것이 아니듯이, 그 둘의 상호관련이 그 둘의 동일성을 의미하는 것도 아닙니다.

이러한 지금까지의 칭의와 성화의 관계에 대한 문제가 해결된 후 그럼에도 불구하고 한 가지 문제가 남게 됩니다. 그 물음이란 다름 아닌 "전체적인 [화해]사건의 구조에 관한" 것인데, 즉 칭의와 성화 사이에 실제로 어떤 순서가 존재하느냐 하는 문제입니다. 칭의와 성화 사이에는 17세기 정통주의가 주장한 구원서정 차원의 시간적 순서가 존재하지 않습니다. 다시 말해서 구원에 있어서 시간적으로 칭의가 먼저이고 성화가 나중이라는 그런 시간적인 순서는 없습니다. 칭의와 성화는 앞서 살펴보았듯이 '동시적인 사건'입니다. 한 예수 그리스도의 한 구원의 두 측면일 분입니다. 그렇다면 하나님의 의지와 구원행위의 차원에서 '내용적 순서'만 고려의 대상으로 남게 됩니다. 그것은 칭의와 성화에 대한 논리적 순서라고 할 수 있습니다. 다시 말해서 여기서는 '구원의 순서'에 대한 문제가 아니라, 화해사건의 구조적 혹은 논리적 순서의 문제가 있을 뿐입니다. 이미 말했듯이 칭의와 성화 사이에는 시간적인 순서가 있을 수 없습니다. 그런 다음 제기되는 문제가 있습니다. 칭의와 성화 사이에는 실제로 어떤 논리적 관계가 형성되는가 하는 문제입니다. 칭의와 성화 사이에 시간적인 순서는 없다고 하더라도, 논리적인 순서는 성립된다는 것입니다. 즉, 하나님의 한 [구원] 의지와 행동의 동시성(simul) 가운데 칭의는 근거로서, 성화는 목표로서 첫 번째가 되고, 다른 한 편 칭의는 전제로서 성화는 결과로서 두 번째 것이 됩니다.—이런 의미에서 둘 다가 먼저가 될 수도 있고, 동시에 둘 다가 나중일 수도 있습니다. 다시 말해서 근거(Grund)의 관점에서 보면 칭의가 성화보다 앞서지만 목표(Ziel)의 관점에서는 성화가 칭의보다 앞서게 됩니다. 다른 한 편으로 칭의는 성화의 전제(Voraussetzung)라는 차원에서 칭의가 성화보다 나중이 되지만, 성화는 칭의의 결과(Folge)라는 점에서 역시 성화는 칭의보다 나중이 됩니다. 이런 맥락에서 칭의와 성화 둘 다가 하나님의 영광과 인간의 구원을 위해 한 분 예수 그리스도 안에 이루어진 한 은혜가 됩니다. 이로써 칭의와 성화의 분리될 수 없는 관계성과 필연적인 구분성의 본질을 해치지 않으면서도, 칭의와 성화의 사안적 혹은 논리적 관계가 명쾌하게 해명이 되고 있습니다.

구원과 성령

딜쉬나이더에 의하면 그리스도교 신학은 성령 망각증에 시달리고 있습니다. 신학은 수세기 이래 그리스도론에만 집착하다 보니 오순절 사건을 망각해 버리고 말았습니다.

이러한 현상은 구원론에 있어서도 마찬가지입니다. 흔히들 우리는 '구원'하면 '오직 예수 그리스도의 십자가와 부활'을 머리에 떠올리게 됩니다. 예수 그리스도의 십자가의 보혈로 우리는 죄씻음을 받아서 구원을 얻게 되었다고 우리는 믿습니다. 이는 물론 지당한 얘기입니다. 그렇다면 구원에 있어서 성령은 아무런 역할도 하지 않는가? 또 우리가 구원을 얻는데 하나님은 어떤 역할을 하시는가? 이렇게 물으면 대답이 궁색해지기 십상입니다. 다시 한번 강조하자면 우리의 구원은 성부, 성자, 성령 삼위일체 하나님의 사역입니다. 이 점을 잊지 말아야 합니다. 하나님께서 우리 인간을 구원하시기로 영원 전부터 결의하셨고, 그 구원이 예수 그리스도 안에서 일어났으며, 또 그렇게 예수 그리스도 안에서 일어난 구원이 오늘날 나의 구원이라는 주관적 확신을 얻게 하시는 분이 성령입니다. 즉, 한마디로 표현하자면 구원은 "하나님이 예수 그리스도 안에서 성령을 통하여 우리를 위하여 이루시는 은혜의 사역"입니다. 그렇다면 구원에 있어서 성령의 사역이 얼마나 중요한가를 알 수 있을 것입니다. 이 문제를 좀 더 구체적으로 얘기해 보기로 합니다.

본론을 다루기에 앞서 먼저 꼭 짚고 넘어가야 할 것은 우리의 구원을 위한 성령의 사역과 예수 그리스도의 사역이 상호 반대되거나 모순되지 않는다는 사실입니다. 예수 그리스도의 구원사역과 성령의 구원사역은 연속선상에 있다는 사실입니다. 왜냐하면 성령은 바로 예수 그리스도의 영이기 때문입니다.

예수 그리스도께서 이천년 전 십자가에서 모든 구원의 열매를 다 이루셨습니다. 우리를 위한 구원의 열매는 예수 그리스도의 십자가에서 완전하게 이루어졌습니다. 예수 그리스도께서는 십자가에서 우리를 위하여 죄와 사망의 권세를 완전히 이기시고 승리하셨습니다. 이는 이 세상과 전 인류와 우리 개개인의 구원을 위한 첫 열매입니다. 이 세상의 그 누구도 이 구원에서 제외된 사람이 없으며, 이 구원을 필요로 하지 않는 사람이 없으며, 그 누구도 이 구원의 대상에서 예외가 될 수 없습니다. 따라서 오직 예수 그리스도를 믿음으로 구원을 얻는다는 진리는 타당성을 얻게 됩니다. 그런데 구원이 예수 그리스도 안에서 다 이루어졌다면 굳이 성령이 필요한 이유는 무엇입니까?

한국의 그리스도인들은 상당 부분 구원에 성령의 사역이 절대적으로 필요한 것을 잘 모르고 있습니다. 성령은 그저 은사를 얻거나 능력을 얻는데 필요한 분이라고 생각하며 신앙생활 합니다. 심지어는 성령을 방언을 얻기 위한 도구정도로 착각하는 경우도 있습니다. 그러나 분명히 알아야 할 것은 방언은 성령의 어마어마하게 풍부한 은사들 가운데 극히 작은 일부에 불과하다는 사실입니다. 성령의 사역은 그것보다 훨씬 풍부하며 다양하며 생명력이 있습니다. 성령은 단순히 '은사를 주시는 영'이 아니라, '성화'의 영이며, '생명의 영'이며 '살리는 영'입니다. 성령의 사역의 범위는 심지어 교회의 범위도 넘어섭니다. 성령은 우리가 생각하는 것보다 훨씬 더 위대한 영이며, 근원적인 영입니다. 그런데 한국교회의 성령운동은 곧 방언운동으로 축소되어 이해된 나머지, 성령의 풍부한 사역이 충분히 이해되지 못하고 있습니다. 심지어 성령의 사역이 우리가 구원을 얻는데 얼마나 중요하며 필수적인 것인가도 잘 이해하지 못하고 있는 실정입니다.

물론 이천년 전 예수 그리스도의 십자가와 부활에서 우리의 구원은 완성되었습니다. "다 이루었다" 예수 그리스도의 십자가의 육성처럼 우리를 위한 구원을 그리스도께서 성취하셨습니다. 그런데 예수 그리스도께서 십자가에서 이루신 그 구원이 오늘날 우리의 구원이 되게 하는 사역은 다름 아닌 성령의 사역입니다. 예수 그리스도께서 십자가에서 이루신 구원의 열매가 오늘날 여기에 서 있는 나의 열매가 되게 하시는 분은 성령이십니다. 예수 그리스도께서 십자가에서 죄와 사망의 권세를 이기신 그 승리가 오늘날 나의 승리가 되게 하시는 분은 바로 성령입니다! 따라서 종교개혁가들은 성령을 일컬어 그리스도와 우리를 이어주는 '줄'(vinculum)이라고 불렀다. 즉, "성령의 매는 줄"을 통하여 우리는 그리스도께서 십자가에서 이루신 구원을 오늘날 우리의 구원으로 받아들일 수 있게 됩니다. 그렇기에 성령을 받지 않고서는 예수 그리스도께서 십자가에서 이루신 구원의 열매를 오늘날 나의 구원의 열매로 받아들일 수가 없습니다.

더 나아가 전통적으로 성부 하나님의 고유한 사역은 창조이며, 성자 하나님의 고유한 사역은 구원이고, 성령 하나님의 고유한 사역은 성화라고 구분합니다. 성령 하나님의 고유한 사역은 곧 '성화'입니다. 앞서 살펴보았듯이 '성화'는 '칭의'와 나란히 구원의 필수적인 두 기둥 가운데 하나이기에 성령을 단순히 방언이나 능력을 주시는 분으로만 이해한다면 성령의 사역이 구원에도 필수적이라는 사실을 놓치는 것입니다. 따라서 한국의 구원이해에 있어서 많은 그리스도인들이 '의롭다 함을 얻었다'는 확신을 가지고 있으면서도 정작 그 '칭의'의 열매인 '성화' 즉, 거룩한 삶이 없는 경우를 보게 됩니다. 정작 의롭다 함을 입었다는 확신까지는 얻었는데, 그 다음에는 어떻게 해야 하는지 방향을 못 찾고 신앙생활을 계속하는 경우가 많습니다. 이 모든 원인이 구원에 있어서 성령 하나님의 사역을 망각했기 때문입니다. 우리가 전적인 은혜로 의롭다 함을 받았다면, 그 은혜의 열매인 거룩한 삶을 사는 것은 전적으로 성령의 사역입니다. 따라서 구원에 있어서 성령은 '생명을 얻게 하는 영'이며, '살리는 영'입니다.

구원을 어떻게 얻을 수 있는가?

앞서 우리는 구원에 관하여 그리스도인들이 꼭 알아야 할 내용을 살펴보았습니다. 이제 그러한 구원을 어떻게 얻을 수 있는가를 정리함으로써 결론을 대신하고자 합니다.

구원을 어떻게 얻을 수 있는가 하는 문제는 사실 앞의 본론적인 내용에 해답이 다 들어있습니다. 우선, 구원은 전적으로 하나님의 은혜로 얻게 됩니다. 구원은 나의 노력이나 수행이나 고행 또는 그 어떤 헌신적인 노력으로도 얻을 수 없습니다. 왜냐하면 구원은 우리 인간의 힘으로는 세울 수 없는 하나님의 절대적인 의의 문제이기 때문입니다. 따라서 구원을 받기 위해서는 하나님의 전적인 은혜에 전적으로 의지하는 길밖에 없습니다.

둘째, 구원은 오직 예수 그리스도를 믿음으로 얻게 됩니다. 예수 그리스도의 십자가와 부활을 믿는 것만이 우리가 구원을 얻는 길입니다. 예수 그리스도의 십자가와 부활이 바로 나를 위한 구원임을 믿음으로 인식하고, 인정하고, 고백하는 길이 곧 구원을 얻는 길입니다. 오직 예수 그리스도를 믿고 따르는 길만이 구원을 얻을 수 있는 길입니다.

셋째, 구원은 오직 예수 그리스도 안에서 일어나지만 그 구원이 나의 구원이 되게 하기 위해서는 성령을 충만히 받아야 합니다. 성령의 도움 없이는 예수 그리스도의 십자가에서 일어난 구원이 나의 구원이 될 수 없기 때문입니다. 따라서 구원을 받기 위해서는 성령을 필수적으로 받아야 합니다. 칭의의 열매인 성화 즉, 거룩한 삶을 살게 하는 것은 전적으로 성령의 사역입니다. 따라서 성령의 도움 없이는 구원받은 삶을 살 수가 없습니다.

구원에 관하여 그리스도인들이 꼭 알아야 할 내용을 소개해 보았습니다. 모든 그리스도인들이 구원에 대한 올바른 이해를 가지고 구원받은 삶을 삶으로써 이 땅에 하나님의 나라가 이루어지는 일에 다함께 동참하게 되기를 기대합니다.

생각해 볼 문제

1. 구원을 무엇이라고 정의 내리겠습니까?
2. 구원의 두 축을 칭의와 성화라고 할 때 이 둘은 어떻게 구분할 수 있을까요?
3. 구원을 얻는데 있어서 성령의 결정적인 사역은 무엇입니까?
4. 오늘날 구원을 살아내는 구체적인 삶은 어떤 모습이겠습니까?

더 읽을 만한 책

한국조직신학회 엮음.『구원론』. 서울: 대한기독교서회, 2015.

최윤배.『구원은 하나님의 은혜의 선물』. 서울: 킹덤북스, 2016.

앤서니 후크마, 이용중 역.『개혁주의 구원론』. 서울: 부흥과 개혁사, 2012.

호르스트 게오르그 푈만, 이신건 역.『교의학』 X. 은총에 관하여. 서울: 밀알 아카데미, 2012.

교회론

교회란 무엇인가?

최윤배

교회론

성경에 나타난 교회

구약성경에 나타난 교회

우리가 보통 성경적 관점에서 교회에 대해 언급할 때, 우리의 주된 관심은 신약성경에 있을지라도, 성경적 관점에서 말하는 교회는 구약성경에서 말하는 교회를 무시하거나 배제하는 것으로 이해되어서는 안 됩니다. 왜냐하면, 이미 구약시대에도 '광야교회'(행 7:38)가 있었고, 신약성경에 나타난 교회는 구약성경에 나타난 '하나님의 백성'과 상호 분리될 수 없는 밀접한 관계 속에 있기 때문입니다.

구약성경에서는 선택된 백성(선민, 選民)으로서의 이스라엘 '백성'을 위해서는 히브리어 '암'을 사용하고, 이스라엘 이외의 다른 백성들과 민족들을 위해서는 '고임'(goyim)을 사용하는데, 구약성경의 헬라어 성경인 70인경은 '암'을 '라오스'로, '고윰'을 '에쓰노스'로 번역하여 사용함으로써, 이 둘 사이를 더욱 분명하게 구별하고 있습니다.

'하나님의 백성'이라는 말은 하나님과 특별한 관계 속에 있는 백성을 뜻합니다. "너는 너의 하나님 여호와의 성민(聖民)이라. 여호와께서 지상 만민 중에서 너를 택하여 자기의 기업의 백성을 삼으셨느니라"(신 14:2; 참고, 신 26:16-19). 선민으로서의 이스라엘은 자신의 신분에 합당하고, 걸맞는 책임과 의무를 가지고 있습니다. "너희는 내게 거룩할지어다 이는 나

여호와가 거룩하고 내가 또 너희로 나의 소유로 삼으려고 너희를 만민 중에서 구별하였음이니라"(레 20:26; 참고, 레 19:2). 구약성경은 하나님께서 특별히 이스라엘 백성에게만 부여하시는 특권에도 불구하고, 하나님은 많은 다른 백성들에게도 관심을 갖고 계신다는 사실을 말씀하고 있습니다. "그 날에 많은 나라가 여호와께 속하여 내 백성이 될 것이요 나는 네 가운데 거하리라 네가 만군의 여호와께서 나를 네게 보내신 줄 알리라"(슥 2:11; 참고, 사 45:23; 56:6-8).

구약성서에서 '카할'과 '에다'는 '교회' 또는 '회중'을 지칭하는 단어로 사용됩니다. 이 단어와 함께 구약에서의 교회는 하나님의 백성이 다함께 한 곳에 모여 하나님께 예배드리는 '예배 공동체'의 특징을 가지고 있습니다. 하나님께서 이 회중의 한 가운데 임재하시고, 하나님의 백성들은 예배를 통해서 점점 더 거룩해집니다. "여호와께서 이 모든 말씀을 산 위 불 가운데, 구름 가운데, 흑암 가운데서 큰 음성으로 너희 총회에 이르신 후에 더 말씀하지 아니하시고 그것을 두 돌 판에 써서 내게 주셨느니라"(신 5:22). "솔로몬이 여호와의 단 앞에서 이스라엘의 온 회중을 마주서서 하늘을 향하여 손을 펴고"(왕상 8:22), 회중은 여호와 앞에 나아와서 그를 찬송하고(시 22:23, 26), 여기에 남녀노소 모두가 참여했습니다. (느 8:3) 그럼에도 불구하고, 여기에서 제외되는 사람들도 있었습니다(신 23:1-8). 그러므로 구약성경에서 이스라엘 백성 전체와 회중이 긴밀한 관계에 있음에도 불구하고, 이스라엘 백성과 회중이 서로 완전히 일치를 이룬 것은 아니었습니다. 언약(계약) 공동체는 항상 선택된 자들보다 더 많았습니다. (언약>선택) 오늘말로 말하면, 언약공동체인 교회 안에도 항상 선택받지 못한 가라지가 있는 것입니다. 바벨론 포로 이후에 이스라엘은 '회당'

에서 모였습니다. 회당은 주로 '가르치는 집', '기도하는 집'이었습니다.

신약성경에 나타난 교회

신약성경에서 교회는 헬라어로 '에클레시아'로 표기됩니다. 이 단어는 사도행전 19장 40절의 '군중의 모임'의 이름과는 다릅니다. 헬라어 구약성경인 70인경에서 '에클레시아'라는 단어가 약 100회 정도 발견되는데, 이 단어는 주로 구약 히브리어 성경에 나타난 '카할'로부터 번역되었습니다. '에클레시아'라는 용어는 기본적으로 모든 종류의 '모임', '집회'라는 뜻을 지니고 있었습니다. (신 9:10; 왕상 8:65) 이 용어는 '주님의'(신 23:2f), '이스라엘의'(왕상 8:14), 또는 '성도들의'(시 89:5) 등의 말과 함께 신학적인 의미를 가지게 되었습니다. 다시 말하면, 주님 또는 하나님에 의해서 불리워 모인 '모임'이라는 것입니다. '쉬나고게'의 용법도 70인경에는 에클레시아와 비슷하게 구약 히브리어 '카할'의 번역어로 사용되었습니다. 영어의 '철취'(church)는 헬라어 형용사 '주님의 것인'(큐리아코스, kuriakos), '주님에게 속한'이란 단어로부터 파생되었습니다. 이 형용사는 신약성경에서는 '주의 만찬'(고전 11:20), '주의 날'(계 1:10) 등의 구절에서 발견될 뿐, 그리스도인 공동체에서는 사용되지 않고 있었습니다. 신약성경은 '에클레시아'라는 것은 '부활하신 그리스도'의 공동체라는 사실을 증거하고 있습니다. 이 말은 예수님의 지상 활동 기간에 교회의 기초가 사도들 위에 기초되었다는 것을 부정하는 것도 아니며, 고대 이스라엘과 어떤 연속성이 없음을 주장하는 것도 아닙니다. 다시 말하면, 예수 그리스도의 부활에 대한 경험을 통해서 신약의 교회가 생기고, 부흥했지만, 이 신약의 교회는 사도들과 구약의 이스라엘과 연속선상에 서 있다는 것입니다.

4복음서(마, 막, 눅, 요)에서는 '교회'라는 낱말 자체가 아주 가끔 나타납니다. (마 16:18; 마 18:17) 왜냐하면 복음서는 교회를 주로 예수님께서 선포하셨던 하나님의 나라와 밀접하게 연관시켜 이해하고 있기 때문입니다. 우리가 알고 있다시피, 비록 하나님의 나라와 교회는 직접적으로 밀접한 관계 속에 있을지라도, 하나님의 나라와 교회가 100% 완전히 일치하는 것은 아닙니다. 하나님의 나라는 교회 이상(以上)을 포괄하고 있습니다. 교회가 하나님의 나라를 대치하는 것은 아닙니다. 하나님의 나라는 메시아의 나라이고, 그리스도의 교회는 메시아의 백성입니다. 메시아는 자신에게 속한 백성을 가지고 있고, 자신의 백성을 죄로부터 구원하기 위해서 오셨습니다. (마 1:21) 메시아는 자신에 속한 교회를 가지고 있습니다. 메시아이신 예수님께서 자신의 교회를 세우실 것입니다. (마 16:18) 예수님을 그리스도(= 메시아)로 믿는 자들이 하나님의 백성입니다. 교회에 가장 본질적인 것은 성령과 말씀을 통한 그리스도와의 연합과 결합과 결속입니다. (요 10장; 요 15장; 요 6:68) 교회는 하나님의 나라의 계시와 성장과 미래를 통해 다양한 국면 속에 감싸져 있습니다.

사도행전은 성령과 말씀을 통해서 성립된 신약교회에 대한 중요한 내용을 담고 있습니다. 오순절 사건 이전에 이미 광야교회가 있었지만(행 7:38; 행 1:14-15), 성령강림을 통해서 신약교회가 탄생하고, 증언하는 교회로 바뀌었기 때문에, 오순절 사건은 교회를 위해서 대단히 중요합니다. 성령을 통해서 성도들의 '교제'(행 2:42)와 교회의 선교가 사도행전에서 두드러지게 나타납니다.

바울서신은 구약의 약속과의 연속성 속에서 '하나님의 백성'을 말할 뿐만 아니라(고전 10:1-11), 이스라엘에 대한 경고와 이방인들이 포함된 신약성경적인 하나님의 백성에 대해서도 말하고 있습니다(롬 9:6-26). 바울 사도는 그리스도의 몸(고전 10:17; 고전 12:27; 엡 1:23; 엡 4:23f; 골 1:24), 하나님의 밭과 집(고전 3:9), 하나님의 성전(고후 6:16), 성령 안에서 하나님의 거하실 처소(엡 2:22), 살아계신 하나님의 교회, 진리의 기둥과 터(딤전 3:15) 등의 많은 다양한 표현들을 사용하여, 교회를 이해하고 있습니다. 그러나 바울 사도가 표현하는 세 가지의 표현들, 즉 '하나님의 백성', '그리스도의 몸', '성령의 전'이라는 표현들은 교회를 이해하는데 매우 중요합니다.

마지막으로, 위에서 언급한 성경 이외의 성경 본문들을 살펴봅시다. 히브리서에서는 하나님의 백성으로서의 교회상(敎會象)이 두드러지게 나타나며, 교회는 그리스도께서 대제사장으로 계시는 하나님의 집입니다. (히 4:1-11; 11:13-16; 12:1-13) 베드로서에서 그리스도는 머릿돌이시며(벧전 2:4-10), 교회는 하나님의 양(벧전 5:2), 택하신 족속이요, 왕같은 제사장이요, 거룩한 나라요, 하나님의 소유된 백성입니다. (벧전 2:9) 요한계시록에서 교회는 금 촛대이며(계 2:1), 신랑되신 그리스도의 신부입니다. (계 22:17) 이상에서 언급한 교회에 대한 다양한 표현들과 표상(表象)들(하나님의 백성, 그리스도의 몸, 그리스도의 신부, 하나님의 집, 성령의 전과 친교 등)로부터 우리는 삼위일체론적으로 규정되는 교회론을 발견할 수 있습니다.

신약성경에서 교회(ἐκκλησία)는 보편(전체)교회와 지역교회 모두에 해당되고(마 16:18과 마 18:17을 비교; 엡 3:10과 살전 1:1을 비교; 골 1:18과 골 4:16을 비교), 정량적(定量的) 관계가 아니고, 질적(質的) 관계로서 예수 그리스도에 대한 관계가 결정적으로 중요합니다. (마 18:20) "에클레시아(ekklesia, 교회)가 에클레시아이(ekklesiai, 교회들)로 나누어진 것이 아닙니다. 에클레시아이가 더해져 에클레시아가 형성된 것도 아닙니다. 오히려 에클레시아(ekklesia, 교회)는 특정한 이름의 장소들 안에서 발견되어야 합니다."

신약성경에 나타난 교회론의 핵심 내용은 다음과 같이 요약될 수 있습니다.

① 교회의 기원과 생존은 삼위일체 하나님의 사역입니다. 하나님께서 자신을 섬기도록 자신의 교회를 모으십니다.

② 교회는 처음에는 이스라엘의 백성 중에서, 나중에는 이스라엘 백성과 모든 백성 중에서 불러 모아졌습니다.

③ 신약성경에서 교회는 이미 도래했지만, 장차 완성될 하나님의 나라와 밀접하게 연결되어 있습니다. 교회는 하나님의 나라의 은사를 가지고 살며, 영광중에 완성될 하나님의 나라의 완성을 기다리고 있습니다.

④ '하나님의 백성', '그리스도의 몸', '성령의 전(殿)/집'과 같은 용어를 통해서 교회는 삼위일체 하나님의 사역임을 알 수 있습니다. 그러므로 교회는 확실한 미래를 가지고 있고, 교회는 머리로서의 그리스도와 영원한 연합의 관계 속에 있습니다. 그리스도는 그의 영(성령)과 말씀을 통해서 교회를 돌보시고, 통치하시고, 다스리십니다.

⑤ 그리스도와의 교제는 성령을 통한 교제이며, 바로 여기서부터 성도들 상호간의 교제가 비롯됩니다.

⑥ 교회 안에서의 모든 직무(직분)들과 봉사들은 교회의 구축과 성장을 위하고, 교회의 사명을 감당하기 위해 사용됩니다.

⑦ 하나님으로부터 받은 은사는 하나님의 거룩한 백성으로서의 교

회의 소명과 사명, 즉 주님을 사랑하고, 이웃과 세상에 주님을 증거하고, 이웃과 세상을 섬김으로써, 하나님의 나라를 구현하기 위해 사용되어야 합니다.

기독교 역사(歷史) 속에 나타난 교회

로마(천주)교회론과 계층구조적 성직의 발생

기독교 역사 초기에 드러난 로마(천주)교회론의 특징 중에서 제일 중요한 것은 '감독'(에피코포스, 딤전 3:1) 제도입니다. 여기에서 교회의 의미는 너무나도 중요합니다. "교회가 있는 그곳에 하나님의 영도 계십니다. 하나님의 영이 계시는 그곳에 교회와 모든 은사가 있습니다. 그러므로 성령은 진리입니다." 카르타고의 키프리아누스(Cyprianus, ?-258)는 교회의 통일성의 관계 속에서 감독의 직무에 강조점을 두었습니다. 그는 로마의 감독에게 우월권(수장권)을 부여했을지라도, 로마 감독의 우월권을 사법적인 의미에서의 수장(首長)으로 이해하지는 않았습니다. 그는 "교회를 어머니로 갖지 않는 자는 하나님을 아버지로 가질 수 없습니다."라고 말했습니다. 16세기 종교개혁자 칼빈(1509-1564)도 교회론을 전개하면서, 키프리아누스의 말을 인용합니다.

성 아우구스티누스(Augustinus, 354-430)에게서 교회론은 더욱 풍부해집니다. 그에 의하면, 교회는 성령의 교회로서 영적인 교회입니다. 교회 속에 하나님의 사랑이 있습니다. 교회는 그리스도의 몸입니다. 이 속에서 모든 성도들은 교회의 지체를 이루고 있습니다. 참된 성도들은 하나님에게만 알려졌습니다. 하나님 앞에서의 교회는 선택적 측면도 가지고 있지만, 지상의 교회는 기구적(제도적) 측면도 갖고 있습니다. 사람들이 은혜(구원)의 수단에 참여하고 구원을 받는 장소가 바로 교회입니다. 그러므로 교회의 말은 권위를 가진 말이 됩니다.

중세시대에는 교황 보니파키우스 8세(Bonifacius VIII, 1302)와 플로렌스 회의(1439)의 교리 결정들이 있었지만, 대체로 교회론이 거의 발전되지 않았습니다. 트렌트 회의(1563)에서 서품성사에 대한 교리는 미사 등 다른 성사(예전)들과 밀접하게 결부되어졌습니다. 교회상(敎會象)은 강력하게 성직계급 구조로 변했습니다. (교황 → 주교 → 사제 → 부사제/집사 → 신자들)

『트리덴트 신앙고백서』(1564)에서는 다음과 같이 기록하고 있습니다. "나는 거룩하고, 보편적이고, 사도적인 로마의 교회를 모든 교회들의 어머니와 교사로 시인합니다. 나는 로마의 교황을 복된 베드로의 계승자이며, 사도들의 지도자로, 예수 그리스도의 대리자로, 후계자로, 교사로, 참된 순종으로 시인하고 맹세합니다." 17세기에는 로마(천주)교회 신학자들은 로마교황이 교회의 머리가 됨을 추호도 의심하지 않았으며, 그 교회는 심지어 지상에 있던 프랑스 공화국이나 베니스공화국처럼 가시적이되고, 역사화 되었습니다. (Robert Franz Romulus Bellarmino, 1542-1621) 이같은 로마(천주)교회의 특징들은 다음과 같습니다.

① 교회는 가시적인 구원의 기관입니다.

② 성직자들은 평신도 위에 서 있습니다. 이 성직 계급 속에서 주교들이 중심인물이 됩니다.

③ 보편교회는 교황에 의해서 다스려지는 성직계급 구조에 의해서 통치됩니다.

그러면, 최근의 로마(천주)교회론은 중세시대의 교회론과 비교할 때, 얼마나 발전하였는지 질문할 수 있습니다. 부분적으로 변화가 발견되는 것은 사실이지만, 본질적인 측면에서 로마(천주)교회의 교회론에는 변화가 발견되지 않습니다. 심지어 19세기 말에 개최된 『제1차 바티칸회의』(Vaticanus I, 1869-1870)에서 조차도 로마교황의 사법적 우월성과 무오성(無誤性) 교리가 그대로 확정되어 있습니다. 『제1차 바티칸회의』 문서가 담고 있는 몇 가지 중요한 내용들을 요약하면 다음과 같습니다.

① 교황은 성도들의 최고 법관입니다.

② 교황은 최고의 교도권(교리결정권)을 갖습니다.

③ 교황이 모든 그리스도인들의 목자와 교사로서 말할 때(ex cathedra), 모든 교회를 위해서 신앙 또는 도덕(윤리, 행위)에 관계된 교리를 확정할 때, 베드로 속에서 그에게 약속된 신적 지지를 통해서 무오(無誤), 곧 전혀 잘못을 하지 않습니다.

로마(천주)교회는 이것을 하나님에 의해서 계시된 교리라고 부릅니다. "이를 부인하는 자는 저주받을지어다!"라고 선포되어 있습니다. 1943년 피우스 12세(Pius XII)에 의해서 '그리스도의 신비스런 몸으로서의 교회'에 대한 강조가 생겼습니다. 여기서 그리스도의 신비스러운 몸은 지상의 로마(천주)교회와 완전히 일치합니다. 그리스도는 자신의 사역을 이 로마(천주)교회를 통해서 일하십니다. 성령은 그리스도의 신비한 몸인 이 교회의 영혼입니다.

20세기 중반에 개최된 『제2차 바티칸회의』(Vaticanus II, 1962-1965)의

문서 중에서 특히 『이방의 빛』(Lumen Gentium, 1964) 문서 속에 교회론이 집중적으로 나타납니다. 여기서는 교황과 주교들 사이의 관계가 가장 중요합니다. 교회는 신적(神的) 요소와 인간적(人間的) 요소로 구성된 복합적인 현실성입니다.

　제1장의 주된 내용은 다음과 같습니다. 로마(천주)교회 속에 성육신 하신 말씀의 신비와 상당한 유비가 존재합니다.(교회론의 성육신론적 확장이론, 비교 Nr. 52) 신앙의 대상으로서의 교회는 베드로의 계승자이며, 베드로의 계승자와 일치된 주교들에 의해서 통치되는 로마(천주)교회 속에 있습니다. 바로 이런 교회가 로마(천주)교회 속에 구체적으로 존재합니다. 제2장에서의 내용은 다음과 같습니다. 하나님의 백성과 관련하여 하나님의 백성의 제사장직은 성례전(성사)에 종속되어 있음을 천명합니다. 결국 '이방의 빛'(Lumen Gentium)이라는 항목에서 교회론의 핵심은 성직계급구조, 특히 주교(감독)제도입니다. 여기에서는 성경이 아니라, 교회전통이 결정적으로 중요합니다. 여기에서 성직계급구조가 교회의 본질을 이루고 있습니다. 신학적으로 말하면, 교회직제절대론이 나타나고 있습니다. 7성례를 집례할 수 있는 성직자가 있는 곳에 교회가 있지만, 7성례를 집례하는 성직자가 없는 곳에는 교회가 존재하지 않게 됩니다. 비록 주교들의 '연합체'(Kollegium) 사상이 발견될지라도, 이것은 교황의 우월성과 무오성과의 관련 속에서 이해되지 않고 있습니다. 여기서 교황 파울루스 6세(Paulus VI)를 비롯하여 모든 교황들은 주교들의 연합체를 우선하고, 선언하고, 명령하는 사법적 절대 우월성의 위치에 서 있습니다. 마지막에서 교회론은 마리아론으로 끝이 나고 있습니다. 마리아는 그리스도의 편에서 교회의 동역자이고, 보호자이며, 동시에 교회의 어머

니로서의 마리아를 사랑하고, 경외하고, 그녀를 닮아야 하는 교회의 모형입니다. 교황은 언제나 마리아를 교회의 어머니라고 부릅니다. 『제2차 바티칸회의』 문서 속에 비록 다양한 해석을 가능하게 하는 몇 몇 현대적 새로운 관점들이 첨가되었지만, 주된 흐름은 로마(천주)교회의 전통적 교리에 동일하게 견고히 머물러 있습니다.

종교개혁적 교회론

"교회가 있는 곳에 그리스도가 계십니다."라는 주장이 로마(천주)교회관과 관계된다면, "그리스도가 계시는 곳에 교회가 있습니다."라는 주장은 종교개혁적, 개신교회적(기독교회적) 교회의 신앙 중언입니다. 신자(성도)들은 예수 그리스도와 함께 연합되어 있고, 예수 그리스도 안에서 상호 교통합니다. 하나님의 말씀이 선포되어지고, 믿어지는 곳에 그리스도께서 그의 교회를 모으십니다. 마르틴 루터(Martin Luther, 1483-1546)는 영적이거나 내적 기독교 외에 거짓 그리스도인들을 포함하고 있는 기독교가 있다는 것을 인정하지만, 그에게서 교회는 본질적으로 '신자들의 모임'입니다. 거룩한 백성의 특징(교회의 표지; ecclsiae notae; marks of church) 중에서 루터에게는 거룩한 하나님의 말씀의 복음적 선포가 첫째입니다. "하나님의 백성이 없이는 하나님의 말씀이 존재할 수 없고, 그 반대로 하나님의 말씀이 없이는 하나님의 백성이 존재할 수 없습니다." 교회의 가장 중요한 표지들은 복음과 성례전(세례와 성찬)입니다. 복음이 존재하지 않는 곳에 역시 교회가 없습니다. 루터는 로마(천주)교회의 가시적인 구원기관에 대한 그의 투쟁에서 교회와 성도들은 숨겨져 있다고 주장했습니다. 이것은 참 교회는 잘 인식될 수 있다는 것을 배제하는 것으로 이해되어서는 안 됩니다. 『쉬말칼텐조항』(1537)은 일곱 살짜리의 아이도 교회가 무엇인지 알고 있으며, 목자의 음성을 듣는 성도들과 양(羊)들이 교회라고 고백합니다.

확장되고 발전된 교회론은 루터의 제자인 멜란히톤의 『아우크스부르크 신앙고백』(1530) 속에서 더욱 분명히 나타나고 있습니다. 교회는 성도들의 모임(Versammlung; congregatio)인데, 이 속에서는 말씀이 순전하게 배워지고, 성례전이 합법적인 방법으로 행해집니다. 『아우크스부르크 신앙고백』(1530)이 종교개혁적, 개신교회적, 기독교적 교회의 두 가지 표지를 최초로 가장 명료하게 정의했습니다.

칼빈은 그의 당대의 사람들, 특히 그의 영적 아버지인 마르틴 부처(Martin Bucer, 1491-1551)의 교회론의 영향을 많이 받았습니다. 그의 교회론은 무엇보다도 처음부터 선택론의 관점에서 이해되었습니다. 「사도신경」 속에 나타난 교회는 선택된 자들의 총체입니다. 왜냐하면, 그 선택은 그리스도 안에서의 선택이기 때문입니다. 우리가 그리스도와의 교제를 갖고 있다면, 우리는 하나님의 선택된 자들 중에 속하며, 우리는 교회에 속한다는 증언을 갖습니다. 칼빈은 『기독교강요』 재판(1539) 속에서는 보이는 교회에 대해서 더 많이 언급합니다. 교회는 신자들의 어머니입니다. 교회는 아이들도 포함하는 성도와 하나님의 백성의 교통(교제)입니다. 그리스도께서 말씀과 성령을 통해서 통치하는 곳에 교회가 있습니다. 하나님께서 우리와 교제하시기 위해서 외적 수단으로서 말씀선포(설교)와 성례전(세례와 성찬)을 주셨습니다. 우리는 하나님께서 우리를 위해서 주신 하나님의 질서를 유지해야 합니다. 「네덜란드 신앙고백」(27-32항,

1561)과 「하이델베르크 신앙고백」(1563)도 위와 동일한 관점에서 말하고 있습니다. 오늘날의 대부분의 개신교, 특히 개혁교회 전통에 서 있는 교회는 종교개혁자들의 교회관을 따르고 있습니다. 칼빈은 교회의 4중직(목사, 교사, 장로, 집사)과 루터와 멜란히톤처럼 교회의 두 가지 표지를 주장했지만, 마르틴 부처는 치리(권징)를 교회의 표지에 첨가하였습니다. 모든 종교개혁 전통에 서 있는 대부분의 교회는 교회의 두 가지 표지를 인정하고, 로마(천주)교회의 직제절대론과 재세례파들의 직제무용론을 거부하면서, 직제유용론을 수용하고 있습니다.

선교학적·사회학적·인간학적 관점 등에서 본 기능주의적 교회론

네덜란드의 평신도 선교학자 크레머(H. Kraemer)는 교회의 세상 속에서, 특별히 비기독교 세계 속에서 증언하고 섬기는 기능을 수행하는 교회로서의 기능을 강조했습니다. 후껜데이끄(J. C. Hoekendijk)는 '흩어지는 교회'로서 교회의 '사도성'을 강조했고, 타자를 위한 교회의 개념을 특히 본회퍼(D. Bonhoeffer)로부터 빌려왔습니다. 오늘날에는 특히 정치신학, 해방신학, 여성신학, 민중신학 등 정치와 사회참여신학에서는 세상을 해방시키는 해방자나 세상을 섬기는 종으로서의 교회의 모습이 매우 강조되고 있습니다.

일반적으로 말해 기독교 역사(歷史) 속에서 교회에 대한 네 가지 유형이 발견됩니다.

① 로마(천주)교회의 교회관으로서 교회는 기관과 제도로서의 교회

입니다. "교회는 그리스도께서 지상에 살아 계셨을 때 참된 역사적 그리스도께서 직접 친히 세우신 것이다."

② 사건으로서의 교회상은 바르트(K. Barth)에게 잘 나타납니다. "형제들의 공동체로서, 예수 그리스도께서 그 안에서 성령으로 말미암아 말씀과 성례전 속에 현재적으로 행하십니다."

③ 교회는 사건인 동시에 기관(제도)으로도 이해됩니다. 교회를 역사학적으로 근거 설정하는 것과 케리그마적(선포적) 사건의 말씀으로 근거 설정하는 것 사이에 풀리지 않는 긴장을 에벨링은 해석학적인 시도를 통해, 렌토르프(T. Rendtorff)는 보편사관의 입장에서 해결하려고 시도했습니다. "교회는 예수의 생전에 설립된 것이 아니었습니다. … 오히려 교회는 예수의 죽음으로 말미암아 말하자면 몸으로서 부활하신 분의 역사적 현재로서 개설되었습니다."

④ 교회는 사회화의 형식입니다. "종교적 기관들(교회 또는 소종파)은 종교적인 것이 사회적으로 제도화되는 특례입니다."

위와 같이 교회에 대한 다양한 이해에도 불구하고, 우리는 교회는 제도적 측면과 사건적 측면을 동시에 가지고 있으면서도, 신적(神的) 기원(起源)을 가지고 있음을 믿어야할 것입니다.

조직신학적 관점에서 본 교회론

교회의 본질

(1) 삼위일체론적 교회론

교회는 사회적, 정치적 연맹이나 집단이 아닙니다. 교회는 삼위일체 하나님의 사역이며, 신앙의 문제와 직접적으로 관련되어 있습니다. 우리는 앞에서 성경으로부터 교회의 기원이 신적(神的) 근거를 가지고 있음을 살펴보았습니다. 교회는 '선택된 하나님의 백성의 모임'이며, '예수 그리스도의 몸'이며, '성령의 전(殿)/집'(= 성령의 피조물)으로서 삼위일체 하나님의 교회입니다. 음부의 권세도 교회를 이기지 못한다는 귀한 약속의 말씀이 있습니다. (마16:18)

(2) 교회의 가시성과 불가시성: 제도성과 사건성

교회는 가시적인 교회와 불가시적인 교회로 나뉠 수 있는 두 가지 교회가 아니라, 한 교회의 두 가지 측면입니다. 가시적인 교회는 우리가 역사(歷史) 속에서 경험하는 교회입니다. 불가시적인 교회는 우리가 역사 속에서 경험하는 가시적인 교회 안에 있는 가라지와 쭉정이(선택받지 못한 사람들)를 제외한 선택된 자들입니다. 그러므로 교회에서 신앙 등은 불가시적이며, 직제나 모임 등은 가시적입니다. 우리는 교회의 불가시성을 너무 강조하여 교회의 가시성을 무시해서도 안 되고, 그 반대로 교회의 가시성을 너무 강조하여 교회의 불가시성을 무시해서도 안 됩니다. 마찬가지로, 교회는 직제를 중심으로 제도적, 기구적 측면이 있는가 하면, 성령과 믿음을 통한 사건적 측면도 있습니다. 교회의 제도성이 지나치게 강조될 경우 교회는 너무나 정태적이 되고, 화석화되어 생명을 잃을 수 있고, 교회의 사건성이 지나치게 강조될 경우 교회는 구체성을 얻지 못하고 영지주의적(gnostic) 위험에 직면할 수 있습니다. 전자의 위험은 로마(천주)교회에, 후자의 경향은 회중 중심적인 "파라 철취"(para-church)에 나타납니다.

(3) 교회의 네 가지 특성: 통일성, 거룩성, 보편성, 사도성

교회의 통일성(=하나됨)은 외형적인 한 교단이나, 한 기구를 형성한다는 말이 아니라, 신앙과 신앙의 대상이 한 분이라는 뜻입니다.(엡 4:5-6) 이런 측면에서 분열된 교회 연합과 일치 운동(에큐메니칼 운동)은 그것이 추구하는 바가 진리의 일치를 추구할 때 정당성을 갖는 것이지, 진리와 신앙을 희생하면서까지 교회의 모든 구조, 모든 조직의 군대식 획일화를 지향해서는 안 됩니다.

교회의 거룩성은 두 가지 측면, 즉 객관적 거룩성과 주관적 거룩성으로 구별될 수 있습니다. 역사 속에 있는 현실 교회는 항상 흠과 점이 있어 완전하지 않음에도 불구하고 '거룩한 교회'라고 부르는 것은 교회의 근거가 거룩한 삼위일체 하나님께 있기 때문입니다(객관적 거룩성: 직설법, indicative). 그러므로 교회와 성도는 하나님(성부, 성자, 성령)과 그의 말씀을 통해서 실재적으로 매일매일 거룩해져야합니다(주관적 거룩성: 명령법, imperative).

교회의 보편성 또는 일반성 또는 가톨릭성(catholica)은 로마(천주)교회를 지칭하는 것이 아니고, 인종, 국가, 교파 등을 초월해서 존재하는 교회의 특성을 가리킵니다.

교회의 사도성은 로마(천주)교회가 주장하는 것처럼 제1대 교황 베드로의 교황직을 역사적으로 계승하여 잇는 제도적 연속성에 근거한 사도성이나, 일부 선교신학자들이 주장하듯이 '교회의 세상에 대한 봉사와 사명'을 뜻하는 것이 아니라, 구약과 신약의 하나님의 말씀, 특히 예수 그리스도의 제자들(사도들)이 전한 복음이신 예수 그리스도에 대한 말씀을 교회가 진실하게, 신실하게 선포하고, 선교하고, 교육하고, 지키는 것을 의미합니다.

(4) 교회의 표지들

교회의 표지들(marks of church; ecclesiae notae) 중에서 하나만을 말할 경우 모든 종교개혁적 개신교는 하나님의 말씀인 설교(성경)이고, 로마(천주)교회는 7 성례전입니다. 그러나 우리는 개신교, 특히 개혁교회의 입장에서 교회의 표징을 세 가지로 말할 수 있는데, 말씀 선포(설교)와 함께 이 말씀에 근거한 두 가지 성례전인 성찬과 세례, 그리고 이 말씀에 근거하여 성화를 위한 율법의 준행(치리, 권징)을 말할 수 있습니다. 요약하면, 하나님의 말씀이 올바르게 선포되어지고, 예수님께서 정하신 성례전(세례와 성찬)이 정당하게 베풀어지고, 말씀에 근거한 치리(권징)가 올바르게 행해지는 곳에 하나님의 참된 교회가 존재합니다.

우리는 성령의 감동을 받은 예언자들과 사도들이 기록한 성경을 성령의 도구로 사용하고, 성령의 내적 조명을 받아 설교를 준비하고, 선포해야합니다. 우리는 세례와 성찬의 내용은 예수 그리스도 그 분 자신이며, 성령과 그의 선물인 믿음을 통해서 효과가 나타남을 명심해야 합니다. 즉, 세례는 성령을 통해서 우리가 죄사함을 받고, 예수 그리스도와 접붙임 받아 연합되는 (하나가 되는) 은혜의 수단들입니다. 성찬은 구원받은 자가 성령을 통해서 예수 그리스도의 보혈과 살(몸)에 참여하며, 믿음을 강화하는 하나님의 은혜의 수단입니다. 치리와 권징은 성도들의 성화를 위해서 성령께서 하나님의 말씀인 율법에 근거해서 사용하시는 치료와 치유의 수단입니다.

교회의 목적(기능)

키프리아누스(Cyprianus) 이후 전통적으로 교회를 노아의 방주에 비유하여 '구원의 방주'로 이해했습니다. "교회 밖에는 구원이 없습니다." 그러나 최근에 교회의 사회성, 정치성, 세속성을 주장하는 신학자들에 의해서 교회와 세상의 질적 차이를 부정하고, 교회의 목적을 사회, 민주, 정치적 관점에서 이해하는 경향이 생겨 교회의 목적은 사회, 정치, 경제적으로 비인간화된 인간을 인간화하는데 있다고 봅니다. 그러나 우리가 보기에 교회는 세상과 달리 구원을 가지고 있는 '구원의 기관'이므로, 구원과 복음을 세계에 널리 선포하고, 실천할 때, 세계가 복음화가 되고, 복음화의 결과로 사회, 정치, 경제가 개선된다고 봅니다. 그러므로 우리는 전통적인 '구원의 방주로서의 교회' 개념을 확고하게 붙잡고, 교회의 울타리를 벗어나서 세계로 나아가 세계의 복음화와 인간화에 대한 교회의 시야를 넓히고, 교회 본연의 사명을 강화해야 합니다. 올바른 교회론을 위해 '구원의 방주'로서 교회라는 전통적인 개념과 세상의 복음화와 인간화 및 자연과 생태의 회복을 위한 현대적 새로운 개념이 함께 아울러진 통합적 이해가 필요합니다.

교회의 구조(정치형태)

교회의 구조 또는 정치적인 형태는 제도(질서: ordo)를 성령보다 우위에 두어 성직자(교역자) 중심으로 운영되는 중앙집권적이고, 독재적이고, 군주적인 형태가 있고(로마천주교회, 성공회, 동방정교회, 감리교 등), 성령을 제도와 배타적으로 이해하여 제도와 직제를 무시하여 평신도 중심으로 운영되는 회중교회 체제가 있습니다. (회중교회, 퀘이커교도 등) 그러나 우리는 개혁교회처럼 성령은 모든 신자들에게 은사를 주어서 교회와 세상에서 일할 수 있도록 하실 뿐만 아니라(모든 신자제사장직), 성령은 특별히 교회의 직분자를 세워서도 일하신다는 성경의 말씀(행 20:28)을 근거하여, 개혁교회의 교회 정치 체제가 균형 잡힌 교회정치제도라고 말할 수 있습니다. 우리는 로마(천주)교회의 직제절대론(職制絶對論)을 거부하고, 직제무용론(職制無用論)의 약점을 의식하면서, 직제유용론(職制用論)의 입장에서 모든 신자제사장직, 만인제사장직의 일반직제와 특별직제를 똑같이 받아들이는 것이 바람직할 것입니다.

교회와 하나님의 나라

교회는 하나님의 나라 자체가 아니라, 하나님의 나라의 전조(前兆)입니다. 우리는 교회를 역사적 교회와 완전히 일치시키려는 경향을 가진 로마(천주)교회론과 종말론을 비판하면서도, 지나치게 교회를 세상화, 사회화하여 교회와 하나님의 나라를 완전히 분리시키려는 경향을 비판해야 할 것입니다. 역사적, 경험적 교회는 완전히 순전하지 않기 때문에 하나님의 나라와 완전히 일치하는 것은 아니지만, 하나님의 나라는 그리스도와 그의 영이 계시는 그리스도인 안에서와 그리스도의 교회 속에서 출발하여 전(全) 세계적으로, 전(全) 우주적으로 종말을 향해서 확장될 것입니다. 이같은 의미에서 하나님의 나라는 그리스도의 십자가와 그의 보혈과 교회를 거처로 삼으신 보혜사 성령과 밀접하게 관계되어 있습니다. (행 20:28; 계 22:1-5) 그러므로 교회는 하나님의 나라 자체는 아니지만, 하나님의 나라의 시작이요, 전조입니다. 음부의 권세가 교회를 결코 이길 수 없습니다. (마 16:18) 교회로부터 시작된 하나님의 나라는 아직도 완성되지 않았지만, 예수 그리스도의 재림을 통해서 완성되는 교회가 하나님의 나라로 나타날 것입니다.

생각해 볼 문제

1. 지상에 있는 교회가 왜 신적(神的) 기원을 갖는 것입니까?

2. 교회에서 설교와 세례와 성찬과 권징(치리)은 어떤 기능을 가지고 있습니까?

3. 일반직제(만인제사장직)와 특별직제의 관계를 생각해 보십시오.

4. 교회와 하나님의 나라의 관계를 생각해 보십시오.

5. 로마(천주)교회와 독자가 속한 교회의 구조를 비교해 보십시오.

더 읽을 만한 책

김도훈. 『길 위의 하나님』. 서울: 조이웍스, 2014.

김명용. 『열린신학 바른 교회론』. 서울: 장로회신학대학교출판부, 1997.

윤철호. 『기독교 신학 개론』. 서울: 대한기독교서회, 2015.

한국조직신학회 편. 『교회론』. 서울: 대한기독교서회, 2009.

최윤배. 『성경적·개혁적·복음주의적·에큐메니칼적·기독교적 조직신학 입문』. 서울: 장로회신학대학교출판부, 2013.

종말론

희망의 가르침으로서의
기독교 종말론

낙운해

종말론

들어가는 말

'종말론'이라고 하면, 독자 여러분은 어떤 생각을 하십니까? 핵전쟁으로 인한 지구의 파멸을 생각하며 암울해지십니까? 아니면 영생을 누리는 새 하늘과 새 땅을 생각하며 기쁨과 기대로 설레십니까?

그리스도교 종말론은 희망의 가르침입니다. 이 가르침은 세계가 붕괴되고 멸절하는 무서운 상황을 묘사함으로써 사람들을 공포에 떨게 하고 무엇인가를 협박하는 것과 같은 가르침과는 전혀 관계가 없습니다. 오히려 종말론은 성경에 근거하여, 세상의 끝은 새로운 세상의 시작이며, 희망에 차 있다고 가르치는 것입니다. 그렇기 때문에 종말론은 예수 그리스도를 믿는 사람에게는 마음으로부터 간절히 바라게 되는 희망의 가르침입니다.

'종말론'이라는 용어는 헬라어의 '에스카톤'이라는 말에서 유래했습니다. 그것은 '마지막', '최종적인 것', '궁극적인 것'을 의미하며 17세기가 되어서야 비로소 사용하게 되었습니다(A. 칼로프). 다시 말해 그 이전에 그리스도교 세계에서는 사용된 적이 없던 용어였습니다. 그래서 그리스도교에서는 종말론을 전통적으로 "마지막에 관한 이론"이라고 생각하게 되었습니다(P. 알트하우스).

그리스도교 신학에서 종말론은 본래 인간의 죽음과 그 후를 포함하는 미래관을 의미하는 것이었습니다. 그러나 인간의 미래나 죽음, 또는 내세 등의 문제는 그리스도교만이 다루는 문제가 아니고 대부분의 종교에서도 깊이 생각해온 문제였으며 또한 각각의 종교에서 중요한 위치를 차지하고 있습니다. 때문에 "종말론은 모든 종교에 공통된 과제이다"라고 생각한 사람도 있습니다(G. J. 보스). 그러나 그리스도교는 이를 단순히 미래관이나 내세관이라고 부르지 않고 '종말론'이라고 불러 왔습니다. 여기에 그리스도교의 한 가지 특색이 있습니다. '종말론'이라는 용어는 성경의 종교, 특히 그리스도교 신앙에 있어서 독특한 것이며 그로부터 생각하게 되고 또 논해지는 과제도 그리스도교 신앙에서 독특한 것이라고 말할 수 있습니다.

종말론은 하나님의 구원의 계시에 기초를 두고 있습니다. 따라서 종말론은 그리스도교 신앙에서 고유하며 기초적인 것이고, 이른바 묵시적인 종말신앙이라고 불리는 것과는 일단 구별되며 윤리적인 성격을 갖고 있습니다. 그런 까닭에 세상의 현실사회에 대해 큰 관심을 갖는 것입니다.

그렇다면 그리스도교 신학으로서, 단 하나의 확고한 종말론, 완성된 종말론이라는 것이 있을까요? 아니요, 그런 것은 없습니다. 종말론에서 논하는 내용과 그 위치, 그리고 그 비중은 성경에 기초하고 있다고는 하지만 시대에 따라 큰 변화를 보였으며 이를 논하는 신학자에 따라 상이하다는 것이 현실입니다. 신학에서 다루는 다른 항목들도 마찬가지라고 할 수 있는데, 종말론에서는 특히 그 경향이 더 두드러집니다. 생각해보면 당연한 일입니다. 종말론을 논하고 있는 시점에서 결정적이면서 구체적으로 자신과 세상의 종말을 맞이한 사람은 없었으며 사도 바울에 따르면 "온전한 것"이 오지 않은 지금은, 아직 "거울로 보는 것 같이 희미하나"(고전 13:12)에 불과한 상태이기 때문입니다. 실제로 지금까지 실로 다양한 종말론이 나타났으며 그 중점이 어디에 놓이는지는 시대마다 달랐습니다. 모두 "거울로 보는 것 같이 희미하게" 제시되어 왔던 것입니다. "그 때에는 얼굴과 얼굴을 대하여 볼 것이요 지금은 내가 부분적으로 아나 그 때에는 주께서 나를 아신 것 같이 내가 온전히 알리라"(고전 13:12). 그렇기 때문에 소망이 됩니다. 그리스도교 종말론은 희망의 가르침인 것입니다.

종말론의 다양성, 혹은 그 역사적 경위와 변천

되풀이하지만 그리스도교의 가르침으로서 그리스도인이라면 누구나가 납득하고 따를 만한 단 하나의 완성된 종말론이라는 것은 없습니다. 그래서 여기에서는 우선 그 역사적 경위와 변천을 대략적으로 훑어보기로 하겠습니다.

신약성경과 초대교회 시기에 그리스도의 재림과 묵시적인 세계의 종말에 대한 신앙은 그리스도인들 사이에서 상당히 절박한 것으로 인식되고 있었다고 상상할 수 있습니다. 사도 바울은 주의 재림에 대해, 그것은 자신이 살아 있는 동안에 일어날 일이라고 믿었음이 분명하며(살전 4:13-17), 계시록의 마지막 장에 반복되는 예수 그리스도의 "내가 진실로 속히 오리라"(계 22:12, 20)는 말씀으로 보면 이를 믿는 그리스도인들 사이에서는 주의 재림은 임박한 것으로 받아들여졌던 것 같습니다. 따라서 "마라나 타(우리 주여 오시옵소서)"(고전 16:22, 계 22:20)라는 기도나 "나라가 임하시오며"(마 6:10)라는 기도는 모두 당시 그리스도인들에게는 상당히 절실한 기도였던 것이 분명합니다.

그러나 아무리 기다려도 자신들이 생각했던 것과 같은 종말은 오지 않았습니다. 그로부터 이른바 그리스도의 '재림 지연'을 어떻게 설명할 것인가가 그리스도인들의 과제가 되었습니다. 그러한 상황이 계속되는 가운데 이윽고 서방 가톨릭 교회가 성립됩니다. 거기에서는 사후의 일로서, 구원받은 영혼이 사는 천국과 영원한 멸망으로서의 지옥에 대한 가르침을 강조하게 되고 또한 영혼의 정화를 위해 준비된 연단의 장으로서 '연옥' 사상도 생겨났습니다. 이 연옥신앙은 서방교회인 로마 가톨릭 특유의 것으로, 동방 정교회에서는 수용하지 않았습니다. 후에 같은 서방 교회로부터 종교개혁을 거쳐 등장한 개신교에서는 이 연옥사상은 폐기되고 그 관심은 주로 개인의 종말론으로 기울면서, 종말론은 단순히 미래관을 말하는 것이 되어 버렸습니다. 그리하여 근대 그리스도교 신학에서 종말론은 신학의 주요 관심으로부터 멀어졌습니다.

그런데 19세기 말부터 20세기에 걸쳐 그런 상황에 커다란 변화가 일어나기 시작합니다. 이른바 자유주의신학을 배경으로 한 19세기 유럽 신학계에서는 하나님의 나라와 예수 그리스도의 인격을 윤리주의적인 입장에서 해석하고 하나님의 나라는 지상에서 실현되는 것이라는 주장이 힘을 얻게 되었습니다(내재적 종말론 - A. B. 리츨). 그러나 이에 대한 비판이 분출하는 방식으로 유럽 신학계에서는 전체적으로 종말론에 대한 관심이 높아지게 되었습니다. 19세기 말에는 "하나님의 나라는 세상의 종말 때에 위로부터 도래하는 것이며 그것이야말로 예수가 생각했던 종말론이었다"라는 주장이 제기되었고(초월적 종말론 - J. 바이쓰, 리츨의 사위!),

20세기에 접어들자 이번에는 "예수 그리스도의 말씀과 행동은 철저하게 묵시문학적 종말론에 의거한 것이었다"라는 주장이 나왔던 것입니다(철저한 종말론 - A. 슈바이처, 아프리카에 가서 의료활동을 하며 노벨 평화상을 수상한 신학자). 종말론은 그리스도교 신학의 중심적 관심사가 되었습니다.

그러던 차에 전 세계를 휩쓰는 전대미문의 대사건이 발생했습니다. 제1차 세계대전입니다. 제1차 세계대전은 적지 않은 그리스도인들에게 일종의 종말을 연상시킬 정도의 충격이었음이 틀림 없습니다. 이른바 그리스도교 국가끼리 두 개의 진영으로 나뉘어서 서로에게 세계적인 전쟁을 일으켰던 것이기 때문입니다. 이 전쟁은 사상계 뿐만 아니라 정치·경제를 포함한 모든 분야에 변화와 전환을 요구하게 되는데, 이와 마찬가지 일이 신학계에도 일어났습니다. 이를 계기로 그리스도교 신학계에서는 이제까지의 이념과 이데올로기를 바탕으로 한 사상은 물론이고, 세계는 신앙에 의한 일치와 평화를 향해 전진한다는 이른바 낙관적·발전적 역사관(사회적 그리스도교) 등이 이제는 통용되지 않게 되었습니다. 이렇게 해서 제1차 세계대전은 그리스도교 신학의 세계에서도 변화와 전환의 직접적 요인이 되었습니다. 신학의 세계에서는 일반적으로 이러한 '역사의 환경설적 견해'를 받아들이지 않습니다만, 세계대전 후 신학계에 일어난 변화에 주목한다면 이러한 환경설적인 견해도 깊이 수용할 필요가 있을 것입니다(K. 하임, F. 홀름스트렘).

그리고 여기에서 등장한 사람이 칼 바르트와 에밀 브루너를 비롯한 변증법 신학자들입니다. 그들과 함께 서양의 그리스도교 신학계는 전체적으로 종말론에 대한 깊은 관심을 갖게 되었습니다. 얼마 지나지 않아 이 변증법 신학자들은 "그리스도교 신학은 종말론이다"라고 말할 정도로 종말론을 중시하게 되었습니다. 이렇게 하여 이른바 자유주의신학에 치우쳐 종말론에 대한 관심이 희미해졌던 서양의 교회와 신학자들은 20세기에 들어서서 종말론과 함께 성경적인 하나님 신앙을 크고 깊게 회복하게 된 것입니다.

그 후 신학의 세계에는 종말론에 관한 여러 가지 주장이 우후죽순처럼 나타났습니다. 여기에 그 대표적인 몇 가지를 열거해 보기로 하겠습니다. 예를 들어 "종말은 역사의 마지막에 오는 것이라기 보다는 역사를 초월한 영원 그 자체이다"라는 주장이 나오고(초월론적 종말론 - P. 알트하우스와 『로마서』 즈음의 K. 바르트. 그러나 후에 두 사람 모두 이 지상에서 하나님의 나라를 제시하는 유비적 사랑의 공동체를 만들어야 한다는 〈목적론적 종말론〉으로 이행합니다), 또 "세상의 마지막으로서의 하나님의 나라가 예수와 함께 이 세상에 들어왔다고 예수 자신은 믿고 있었으며 그것을 가르쳤다"는 주장이 나왔습니다(실현된 〈현재적〉 종말론 - C.H. 다드). 이와 유사한 것으로 "종말은 이미 실현되었고 실현되는 도상에 있으며 나아가 완성되는 때가 온다"는 주장(현재적 종말론 - J. 예레미아스)이 나타났으며, 예수 그리스도를 하나님의 구원사의 중심으로 위치시키며 예수와 함께 도래한 종말론적 현재를 '"이미"와 "아직"의 긴장관계 안에 있는 것으로' 이해하는 입장도 나타났습니다(구원사적 종말론 - O. 쿨만). 혹은 "종말은 결단이다. 따라서 종말론은 역사의 종말에 관한 논의가 아니라 역사 속에 포함된 초월적 의의의 논의이다"라고 보는 주장이 나타났으며(현재적·상징적 종말론 - P. 틸리히), "신학 안에 장대한 과학적 우주론을 내포시켜, 생성·진화해가는 우주 가운데, 종말인 오메가점에서 역사는 그리스도에 의해 충만한 것이 된다"는 주장도 나왔습니다(미래적·진화론적 종말론 - P. 테야르 드 샤르댕). 나아가 "역사의 끝에 도래하는 하나님의 나라라는 사상은 당시 유대인의 신화이며 종말론은 이러한 신화적 표현의 본질을 명확히 하도록 해석되어야 하며 세상의 끝이란 요컨대 개인(실존)의 죽음이다"라는 주장이 나오고(실존론적 종말론 - R. 불트만), "예수의 부활은 세상의 종말 사건의 선취이다"라는 주장도 나왔습니다(미래적·우주적 종말론 - J. 몰트만, W. 판넨베르크). 그 밖에도 분류 방법에 따라 집단적 종말론, 역사적 종말론, 사회적 종말론, 정치적 종말론 등 다양한 종말론을 들 수 있습니다.

이렇게 19세기 말부터 오늘날에 걸쳐 그리스도교 신학의 세계에서는 실로 다양한 종말론이 나타나고 논의되어 왔습니다. 종래의 그리스도교 신학에서는 통상적으로 조직신학의 마지막 항목에 종말론을 두었으며 거기에서는 크게 '개인의 죽음과 사후의 상태' 또는 '역사, 세계, 인간과 자연을 포함한 우주 전체의 종말과 미래'를 다루고 '죽음, 부활, 심판, 영생, 시간과 물질의 유한성, 하나님의 최종적 승리, 하나님의 나라, 새 하늘과 새 땅' 등의 여러 문제가 다루어집니다. 그러나 20세기 이후 오늘날에 이르기까지 종말론은 신학의 중심적 관심사가 되었으며 나아가 종말론을 기조로 하여 신학 전체를 구축하는 상황까지 생겼습니다. 그러면 왜 이렇게까지 신학 세계에서 종말론을 중시하게 된 것일까요? 그 이유의 하나는 핵의 출현으로 생각됩니다. 히로시마와 나가사키에 원자폭탄이 투하된 이후 세계사의 질은 근본적으로 바뀌어 버렸기 때문입니다(몰트만).

원환적 세계관인가, '시간의 화살'의 유한직선적 세계관인가

그런데 우리들이 사는 세계에는 이제까지 대표적인 세계관이 두 가지 있습니다. 하나는 원환적 세계관이며 다른 하나는 유한직선적 세계관입니다.

고대 그리스인은 세계를 시작도 끝도 없이 영원히 계속 순환하는 것이라 생각하고 믿었습니다. 이른바 원환적 세계관입니다. 또한 아시아의 여러 종교—불교, 자이나교, 힌두교 등에서 볼 수 있는 윤회(samsara)의 가르침도 원환적 세계관을 갖고 있습니다. 원환적 세계관에서는 생명이 있는 모든 것은 카르마의 법칙에 따라 끊임 없이 죽음과 재생이라는 순환을 무한적으로 계속합니다. 거기에 있는 시간 이해는 우주적인 시간순환입니다. 그 세계관에 따르면, 인간은 자연의 일부분에 지나지 않습니다. 따라서 개개인의 자아에 대해 특별한 가치를 두는 일은 없습니다.

한편, 이러한 원환적 세계관과는 완전히 이질적인 세계관이 있습니다. 세계는 천지창조로 시작하여 종말을 맞이한다는 생각에 근거한 유한직선적인 세계관입니다. 그것은 아브라함에서 유래한 종교—유대교, 그리스도교, 이슬람교로 대표되는 세계관으로, 세계의 시작과 끝이 있다고 믿습니다. 이 세계관에서는 세계와 역사는 일회적인 것입니다. 인간도 생의 일회성을 특징으로 하는 특별한 존재로 간주됩니다. 성경에서 하나님은 창조에 관한 계명 가운데서 인간에 대해 다음과 같이 말씀하십니다. "땅을 정복하라, 바다의 물고기와 하늘의 새와 땅에 움직이는 모든 생물을 다스리라 하시니라"(창 1:28). 이처럼 성경의 세계관에서 사람은 단순히 자연의 일부분이 아니라 자연 위에 있는 존재이며, 한 사람의 인격적인 하나님의 형상으로 만들어진 피조물로서 인격을 갖는, 따라서 특별한 가치를 갖는 인격적인 존재로 다루어집니다. 더 나아가서 사람은 자연에 속하면서 자연을 초월한 역사에 속하여 그 역사 전체를 넘어선 자기초월성을 지향하는 존재이기도 한 것입니다.

그리스도교의 세계관은 유한직선적인 것입니다. 혹은 나선적 세계관을 그리스도교의 세계관이라고 하는 한국인 신학자도 있습니다만(이종성), 이것도 유한직선적인 세계관의 하나의 변형이라고 볼 수 있습니다. 결국 시작이 있고 끝이 있습니다. 하나님은 만물의 창조자로서 시간도 만드셨습니다. 하나님이 창조하신 것은 일회적인 것이며 반복은 없습니다. 시간은 불가역적입니다. 그러한 의미에서 그리스도교의 시간은 단순히 유한직선적인 것이라기 보다 '시간의 화살'로 볼 수 있습니다. 시간이 불가역적이라면 역사도 불가역적입니다. 미래는 과거가 되어도 과거가 다시 미래가 되는 일은 없습니다. 그 시간도 하나님이 만드신 것이라면 시간이 없었던 때가 있고(이러한 표현 자체가 모순을 포함하고 있습니다만), 시간이 없어지는 때가 온다고 믿는 것입니다. 그러한 의미에서 시간이 무한히 계속된다는 가르침은 그리스도교에는 없습니다. 마찬가지로 역사가 무한하게 계속된다는 가르침도 없습니다. 따라서 그리스도교에서 언급되는 영원이란 단순히 시간이 무한히 계속되는 것이 아니라는 것입니다. 시간이 창조되기 이전에 하나님은 영원하셨기 때문입니다.

그렇다면 영생이란 무엇일까요. 그것은 육체의 사후, 영혼이 시간적으로 무한하게 계속 살아간다는 것은 아닙니다. 영생에 대해 성경은 예수 그리스도의 말씀으로 완전히 이질적인 답을 제시하고 있습니다. 즉

요한복음에 따르면 "영생은 곧 유일하신 참 하나님과 그가 보내신 자 예수 그리스도를 아는 것"(요 17:3)이고 그것은 죽기 전에, 그러나 믿음 안에서는 죽은 자로서(골 3:3-4), 지금 여기에서 '아는 것'을 통해 부분적으로 경험하게 되는 것으로서 열려있습니다. 이렇게 말할 때, '아는 것'이란 무엇인가가 문제가 될 것입니다. 여기에서는 지극히 간단하게, 그것은 궁극적으로는 '하나님과 그리스도와 교제하는 것, 그리고 하나가 되는 것'이라고만 말씀 드리겠습니다.

두 가지 대표적인 세계관을 극히 간단하게 개관해 보았습니다. 도대체 어느 쪽이 올바른 것일까요? 어느 한 세계관을 '옳다'고 말하는 것은 이 것이 객관적으로 증명될 수 없는 문제인 한, 개인의 신앙에 따라 믿기로 결단하는 문제입니다. 세계관이란 그야말로 신앙의 문제인 것입니다. 우리들 그리스도인들은 성경적 세계관에 서서, 후자인 유한직선적 세계관 안에서 살아가고 있습니다. 시작이 있고 끝이 있습니다. 그러나 그리스도교가 가르치는 종말은, 종말로 모든 것이 끝나고 무가 된다는 것이 아닙니다. 그렇지 않고 거기에서부터 완전히 새로운 것이 시작된다고 믿는 것입니다. 따라서 그리스도인은 소망을 갖고 살아갈 수 있습니다.

개인의 종말, 혹은 인간의 죽음에 대하여

그리스도교 종말론은 인간과 자연, 역사, 우주, 즉 세계 전체에 관한 이 세상의 세계관적 해석에 대해 초월적이고 내재적인 삼위일체이신 하나님에 대한 신앙적 입장에서, 특히 그러한 종말과 관련된 사건을 거론하고 성경에 근거하여 그것을 다시 해석하는 것으로 성립됩니다. 따라서 종말론은 인간을 포함한 자연으로부터 우주 그리고 역사에 이르기까지의 세계관을 망라해서 다루게 됩니다. 종말론은 신학의 하나의 분과이면서 신학 전반을 대상 영역으로 취급합니다. 다만 세계와 역사의 종말에 관한 견해를 그냥 논의하고 제시하면 그것이 그대로 종말론이 되는 것은 아닙니다. 예를 들어 자연과학이나 역사과학에서 제시되는 세계나 역사의 종국에 관한 여러 가설도 그것을 종말론이라고 볼 수는 없는 것입니다.

마찬가지로 인간의 죽음과 사후에 관한 논의를 이렇게 저렇게 한다고 해서 그것이 종말론이 되는 것도 아닙니다. 왜냐하면 그러한 논의에서 다루어지는 내용들은 전부, 사상(事象)을 초월하는 궁극적인 것("신")과 관계된 것이 아니고, 오히려 그 궁극적인 것에 대하여 경험적 파악 안에 있는 것에 불과하기 때문입니다(P. 틸리히).

그렇다고는 하지만, 그리스도교 신학은 종말론에서 전통적으로 '개인의 종말'로서의 죽음의 문제나 '역사와 세계의 종말'에 대한 논의를 거듭해 왔습니다. 왜냐하면 그러한 논의가 그대로 종말론이 되는 것은 아니라 하더라도 종말론에 대한 시사가 되며 또한 종말론적 관점에서 독자적으로 이해하게 된다는 측면이 있기 때문입니다. 그래서 간단하게나마 여기에서는 개인의 종말론으로서의 죽음과 사후에 관하여 그리스도교 종말론의 입장에서 약간의 고찰을 해보도록 하겠습니다.

인간은 자신과 타인의 죽음에 대해 생각하거나 두려워할 수 있습니다. 살아있는 동안에, 다시 말해 생의 종말을 맞이하기 전에 그럴 수가 있다는 것입니다. 그 점에서 죽음은 철학에서 지속적으로 중요한 문제의 하나였으며 그에 대한 여러 가지 해석이 있었습니다. 그 중에는 신학에 적지 않은 영향을 미친 것도 있습니다. 예를 들어 '영혼불멸'이라는 사상을 들 수 있습니다.

이른바 '영혼불멸'이라는 사상은 플라톤이나 피타고라스 등에서 볼 수 있는 고대 그리스 철학 혹은 오르페우스교 등의 고대 그리스의 밀의종교(mysterious religion)에서 기인합니다. 특히 플라톤주의 철학은 그리스도교 세계에도 깊은 영향을 끼쳤습니다. 그러나 육체는 멸망해도 영혼은 불사(不死)·불멸한다는 사상은 성경 본래의 것이라고 보기는 어려운 부분이 있습니다. 사후에 영혼의 존속을 믿을 수 없는 경우에는 죽음으로부터 부활까지의 중간상태는 없고, 죽음과 함께 부활하여 영원화한다고 믿을 수 있습니다(K. 바르트, E. 브루너, E. 윰엘 등). 다만 이렇게 생각하는 경우에는 "낙원에서"(눅 23:43), "아브라함의 품에"(눅 16:19ff), "그리스도와 함께"(빌 1:23), "자는 자들"(살전 4:13ff) 등 신약성경에 등장하는 중간상태에 관한 기술은 어떻게 해석할 것인가 라는 문제에 직면하게 될 것입니다. 그래서 중간상태에 대한 명확한 부정은 하지 않고 죽은 후 마지막 날까지 그리스도와 함께 있고 그 날에는 육체를 입고 부활할 것이라고 영혼의 존속을 상정하는 것이라 생각되는 주장을 하는 사람도 있습니다(O. 쿨만 등). 그러나 영혼의 불멸 혹은 불사라는 사상은 그리스도교적 관점에서 보면, 오히려 죽음의 문제의 심각성을 회피하고 있는 부분이 있다고까지 보여집니다. 죽음은 육체만 죽는 것이지, 영혼은 죽지 않고 무한하게 살아 남는다면 하나님과의 관계도 육체의 죽음이 결정적인 것이 되어 버립니다. 죽음은 몸과 영혼의 철저한 죽음, 즉 전인적 죽음이어야만 죽음으로부터의 부활도 철저한 것이 되며 또한 그러해야만 부활의 소망도 철저한 것이 될 것입니다. 죽음이나 부활 모두 전인적으로 철저한 것이며 양자 모두 항상 몸과 영혼을 갖고 살아가는 전인적 인간과 함께 있는 것입니다.

　죽음은 누구에게나 자신에게 고유한 것입니다. 죽음이라는 경험은 '그 때마다, 나의 죽음'으로만 결정적으로 일어나는 것이며 타인의 죽음은 경험할 수 있어도 그 죽음은 '나의 죽음'의 경험은 아닙니다. 따라서 죽음은 죽음을 향해 가는 존재로서 인간 존재에게 고유한 것이며 인간존재와 함께 항상 존재하는 존재 방식이라고 해석하는 철학자가 있었습니다(하이데거). 그러나 살아있는 나에게 죽음은 경험하지 못한 일입니다. 그러는 한, 죽음의 진정한 의미에 대해 나 자신은 경험적으로 도달할 수가 없습니다. 때문에 인간의 종말로서의 죽음은 세계의 종말에 대한 것과 마찬가지로 본래 신앙의 영역에서 '믿음의 결단'으로서 파악될 수 밖에 없는 것입니다.

　성경에는 죽음에 대한 두 가지 다른 이해가 있습니다. 한 가지는 오리엔트에 일반적인 것이고 또 한 가지는 이스라엘의 신앙에 특별한 것입니다. 전자에서는 예를 들어 아브라함이나 이삭이나 욥처럼 "나이가 많고 늙어"(창 25:8, 35:29, 욥 42:17) 죽고, 죽은 자들은 선조들의 나라와 죽은 자들의 나라에서 계속 사는 것이라고 이해되었습니다. 후자에서 죽음은 저주나 삶의 원수로 이해됩니다(몰트만).

　한편, 성경은 죽음을 멸망으로서, 인간이 '타자'로서의 하나님을 직면·대면할 때에 일어나는 일로 파악합니다(사 6:5). 성경에서 죽음은 죄와 결부되어 파악되는 것입니다. 그리스도교는 죽음을 단순히 육체적·외적 사건이나 인간으로서의 유한성·시간성·불안 등의 상관적 의미로만 파악하는 것에 만족하지 않습니다. 오히려 죽음을 죄와 결부시키고 그 심판적 의미에까지 파고드는 것입니다. 그것은 에덴동산 이야기로부터 바울서신에 이르기까지 성경 전체에 일관된 것입니다(창 3장, 시 90:7ff, 잠 15:10, 겔 18장, 롬 5:12ff 등). 이것을 사도 바울은 한마디로 "죄의 삯은 사망이요"(롬 6:23)라고 단언하였습니다. 죽음의 문제는 거기에 이르는 고통을 줄이고 공포를 덮어 가리우는 것으로 해결할 수 없습니다. 죽음을 극복하는 것과 죽음에 대한 공포를 은폐하는 것과는 다릅니다. 또한 범신론적인 사상이 그러하듯이 죽음의 의미를 경시하거나 영혼의 불사·불멸이라는 이념적인 사상이나 신앙에 의해서도 죽음에 대한 근본적인 해결은 할 수 없습니다(구와다 히데노부〈桑田秀延〉). 죽음의 문제는 죄의 문제 해결 없이는 결코 해결할 수 없는 것입니다. 그것이 성경의 가르침입니다. 죽음은 죽음보다도 강한 자에 의해서만 해결됩니다. 그것을 이루실 수 있는 분은 창조자이신 하나님뿐입니다. 여기에서 분명해지는 것은 항상 그 몸에 죽음을 짊어지고 있는 인간의 삶에 대한 진정한 해결도 죄의 문제 해결로만 가능하다는 것입니다. 삶이나 죽음 모두, 그 문제의 해결은 근본적으로는 죄의 문제 해결이 없이는 불가능한 것입니다. 반대로 말하면 죄의 문제가 해결되면 삶과 죽음의 문제는 근본적으로 해결된다는 것입니다.

공관복음서(마태, 마가, 누가)에 따르면 예수 그리스도는 하나님에 대해 "죽은 자의 하나님이 아니라 산 자의 하나님"이라 말씀하셨다고 기록되어 있습니다. 인간의 진정한 삶은 살아계신 하나님과의 교제 속에 있기 때문에 죽음은 하나님과의 교제의 상실로 경험하게 됩니다. 그런 의미에서 죽음은 '관계없음의 사건'(E. 융엘)입니다. 요한복음에는 부활이며 생명이신 예수 그리스도를 믿고 그와의 교제 속에서 살아가는 사람은 "죽어도 살겠고"(요 11:25)라고 기록되어 있습니다. 그리스도인과 하나님과의 관계는 죽음으로 끝날 수는 없습니다. 죽음조차도 우리를 하나님의 사랑에서 끊을 수 없다고 사도 바울은 말하고 있습니다(롬 8:38-39).

또한 사랑과의 관계로 말하면, 사랑하는 것은 삶의 본질인 한편, 사랑하지 않는 것은 죽음의 본질입니다. 요한의 서신에는 "사랑하지 아니하는 자는 사망에 머물러 있느니라"라고 되어 있으며 "우리는 형제를 사랑함으로 사망에서 옮겨 생명으로 들어간 줄을 알거니와"(요일 3:14)라고 기록되어 있습니다. 또한 사도 바울에 따르면 죽음은 죽은 자 가운데서 부활하신 그리스도의 '최후의 원수'로서 '멸망 받을' 것입니다(고전 15:12-26).

그렇다면 죽음에 대한 그리스도교의 대답은 무엇일까요? 그것은 부활입니다. 그로 인해 주어진 영원한 생명입니다. 영원하신 하나님의 생명을 받은 것 자체가 진정한 의미의 부활입니다. 그렇기 때문에 부활은 소망이 되는 것입니다. 죽음과 부활은 생명과 죽음이 동전의 양면 관계에 있는 것처럼 상호보완적입니다. 죽음에 대해 언급할 때, 예수 그리스도를 믿는 사람은 동시에 부활에 대해 말할 수 밖에 없습니다. 예수님은 죽으시고 부활하셨으며 그리스도로서 생명 그 자체이시기 때문입니다. 그러나 진정한 부활 후에는 죽음은 없는 것이 되고, 생명만 있게 됩니다. 게다가 몸이 부활한다고 합니다. 그러한 것으로, 생명 자체가 몸의 부활과 함께 완전히 새로워진다고 약속하십니다. "나는 생명이니"라고 말씀하신 예수, 부활하신 그리스도야 말로 종말에 있어서 소망의 근거입니다. 부활의 소망이란 개인적 측면에서 본다면 '죽은 자들의 영원한 생명'

에 대한 부활의 소망이며, 우주적 측면에서 본다면 '죽음의 멸망'과 '새로운 영원의 창조'에 대한 부활의 소망입니다. 죽음은 부활로 극복되며 하나님이 그렇게 하시기 때문에 사람은 부활할 수 있고 부활에 의해 새로운 생명, 하나님의 생명, 영원한 생명이 주어지기 때문에 죽음에 대한 대답은 부활의 소망이 되는 것입니다. 그 근거는 전 피조물의 생명에 대한 하나님의 사랑의 경험입니다(몰트만).

그리스도인이란 그리스도와 함께 죄와 이 세상에 대하여 죽고, 그리스도와 함께 하나님 안에서 살아가는 사람입니다. 거기에 세례의 의미가 있습니다(롬 6:3-11). 그러한 의미로 믿고 세례를 받아 그리스도인이 된 사람은 이미 새롭게 태어나서 영생에 참여한 사람이라고 할 수 있습니다. 그러나 그럼에도 불구하고 육체의 죽음은 그리스도인에게도 남겨져 있습니다. 죽음에는 심판으로서의 의미가 있었습니다. 그러나 그리스도인에게는 이 심판으로서의 죽음이, 동시에 승리로서, 생명으로 옮겨지는 의미를 갖는 것입니다(요 5:24). "담대하라 내가 세상을 이기었노라"(요 16:33)라고 말씀하신 그리스도 안에서 그리스도인은 자신의 죽음에 대해서도 이미 승리하였습니다. 이렇게 그리스도인에게 있어서 죽음을 생각하는 것은 결정적인 의미의 공포가 아니며, 영생에만 기대를 걸게 됩니다. 또한 지상에서의 삶은 자기중심적인 삶으로부터 하나님 중심적인 삶을 사는 것으로, 따라서 이기적인 삶으로부터 이타적인 삶을 살도록 요구받게 되는 것입니다.

죽음은 지상의 생명에서 하나님의 새로운 생명으로 옮겨지는 가장 엄숙한 순간입니다(구와다 히데노부 〈桑田秀延〉). 죽음은 죄의 결과라고는 하지만, 하나님의 보이지 않는 은총이 구체적으로 보이는 형태로 나타나는 것으로서, 어떤 의미로는 예전적(새크라멘탈)인 의미를 갖습니다. 따라서 그리스도인은 신앙적인 경외를 가지고 죽음을 대한다고는 하더라도 단지 두려움으로가 아니라 오히려 믿음과 소망으로 죽음을 대하며 하나님 안에서 그리스도와 연합하는 새로운 영생에 들어가는 것을 기뻐하며 이를 기다리는 것입니다(빌 1:21).

역사의 종말, 혹은 종말을 맞이한 세계

성경에는 세상의 종말에 관한 기사가 있습니다(예를 들면 신약에서는 마 24장, 막 13장, 눅 21장, 고전 15장, 살전 4장, 계시록 등). 거기에 묘사되는 사건은 세상의 상식적인 이성으로는 받아들이기 어렵고 또 받아들이고 싶지 않은 것이라 하더라도 거기에 포함된 의미의 깊이와 진실성을 생각하고 믿음과 이성을 가지고 엄숙하게 대하는 것이 중요합니다. 그러나 그러한 기사를 너무나도 단순하고 문자적으로, 혹은 너무나도 상징적이며 유비적으로 해석하는 것에는 신중해야 합니다. 그러한 태도로 종말의 기사를 읽고 해석하려고 할 때, 우리들은 '종말'이라는 사건 안에 내포된 진리에 대해 바른 분별을 하지 못하고 황당무계한 해석에 도달할 위험성이 있습니다. 신중하게 말씀 드리면, 성경의 미래예언적인 기술 안에는 이해하기 어렵고 단언해서 말하기 어려운 요소가 포함되어 있는 것이 적지 않습니다. 재림이나, 최후의 심판이나, 부활이나, 영생이나, 하나님 나라의 완성, 그러한 단어는 초월적 세계와 관련된 궁극적인 사건에 대한 것이기 때문에 그러한 단어들이 가리키고 표현하려는 진리를, 신앙에 서서,

이성을 가지고, 따라서 판단에는 유보하는 용기를 가지며 상징적으로 해석하는 것이 중요합니다. 그렇지 않으면 독단과 편견에 근거한 자기 멋대로의 그리스도교관에 빠지게 될지도 모릅니다.

실제로 성경의 어떤 부분을 자신의 입장에 맞도록 발췌하여 해석해서 주의 재림의 날짜나 장소를 구체적으로 특정하여 사람들을 선동하고 가정생활이나 사회생활을 어렵게 만드는 것과 같은, 이른바 재림파적인 집단(시한부종말론)이나, 열광적인 천년왕국론자 등이 지금까지도 다수 출현하였습니다. 그것은 종말에 관한 성경의 기사를 단순하고도 문자적으로 해석하고, 혹은 어떤 부분은 간과하고, 때로는 과도하게 상징적으로 해석하고 단정지어버림에 따른 것이라고 보입니다. 그러한 태도로 성경을 대할 때, 신앙 전체는 맹목적이고 미신적인 것이 될 것입니다. 이 점에서 우리들은 예수 그리스도와 베드로의 경고에 각별히 유의할 필요가 있습니다(막 13:33, 벧후 1:20). 신학에서는 언제나 신앙과 이성이 상호 작용하는 관계를 유지하는 것이 중요과제인데, 이것은 종말에 관한 성경 본문을 대할 때, 특히 더 요구됩니다.

그리스도교 신앙에서는 하늘과 땅과 바다와 그 안에 있는 만물은 하나님이 지으신 피조물로서 유한하며 시작과 끝이 있고 "지나가는"(고전 7:31) 것이라고 생각합니다. 그런 의미에서 종말에는 역사부정적인 울림이나 이미지가 있다고 느낄지도 모릅니다. 그러나 그 부정은 역설적·복음적 부정이며 역사와 세계를 하나님이 구원하시고 성취·완성하신다고 하는 소망에 기초를 둔 부정입니다. 종말은 하나님 나라가 완성되는 때입니다. 그렇기 때문에 그리스도인은 그리스도의 재림과 함께 도래할 종말을 진실한 소망을 가지고 기다릴 수 있는 것입니다.

역사와 세계의 종말에 대해서는, 유대교 안에서 예언자적 종말관으로부터 묵시문학적 종말관으로 단계적 이행이 있었습니다. 종말은 전자에서는 '여호와의 날'로서 역사 상의 한 시점에 도래하는 것이기 때문에 역사내재적으로 파악하고 있지만, 후자에서는 낡은 아이온(시대·세계)이 끝나고 새로운 아이온이 시작되는 것으로, 역사 안에서 일어나는 것이라고 보지는 않습니다. 거기에서는 이 세상의 역사는 끝나는 것입니다. 초대 그리스도인들은 후자인 묵시문학적 종말관을 이어받았습니다.

그리스도의 재림에 대해서는, 재림의 전조로서의 성경의 기술을 독단적이고 열광적으로 세계사에 적용하려는 사람들이 있기 때문에 교회에서도 경시되는 경우도 있습니다만, 이 신앙은 성경적 종말신앙의 기초를 이루는 중요한 것이라는 점을 잊어서는 안 됩니다. 그리스도의 재림은, (그 진정성이 문제시된다고는 하나) 예수님의 증언에 기초하고 있으며(마 10:23, 16:28, 막 9:1, 눅 9:27, 막 13, 마 24, 눅 21, 마 25:1, 막 14:62, 마 26:64, 눅 22:69), 초대교회의 강렬한 신앙의 뒷받침이 되었습니다(행 3:20-21, 그 외의 바울 서신, 벧전, 요한 문서 등).

하나님은 세계를 창조하시고 완성하십니다. 이 창조와 완성 사이에 인간의 타락과 구원이 일어났습니다. 창조의 완성과 구원의 완성은 종말에 하나가 되는데, 그것은 그리스도의 재림에 의해 일어납니다. 여기에서 주목하고자 하는 것은 그러한 사건들은 전부 아들이신 그리스도를 통하여 이루어졌으며 이루어진다는 것입니다. 재림에 의해 심판, 몸의 부활, 영생의 수여, 하나님 나라의 완성이 초래됩니다. 그리스도의 재림은 끝의 시작이며 새로운 아이온, 즉 완성된 하나님 나라의 개시인 것입니다.

최후의 심판은 역사와 세계에 대한 하나님의 총결산입니다. 사랑의 하나님은 동시에 공의의 하나님으로서, 어떠한 불의나 부조리도 간과하지 않으십니다. 이 진실을 진지하게 받아들일 때, 우리들은 심판자 그리스도 앞에서 깊은 경외를 품게 되는 한편으로 공의의 하나님이 심판자시라는 것에 깊은 위로도 받습니다. 왜냐하면 최후의 심판은 또한 세상의 부조리나 악의 문제(신정론)에 대한 최종적 응답이 되기 때문입니다. 하나님이 무시를 당하고 악이 번성하는 이 세상의 부조리·불합리 속에서 고통 받는 사람, 예를 들어 무고한 죄로 사형선고를 받은 사람에게 있어서 그것은 얼마나 깊은 위로가 되겠습니까(사토 도시오〈佐藤敏夫〉). 그러나 심판 자체는 하나님의 궁극적인 목적이 아닙니다. 그것은 심판을 통한 구원의 성취, 하나님 나라의 완성에 있습니다. 그리스도(구세주)가 심판자시기 때문에 믿는 우리들에게는 구원의 소망이 있을 뿐입니다.

구원의 성취를 역사와 세계로서가 아니라, 개인의 것으로 표현한 것이 '몸의 부활과 영생'입니다. 몸의 부활이란 새롭게 창조되는 것이며 썩을 몸이 썩지 아니할 영적 영광의 몸으로 변화되는 것입니다(고전 15:35-58). 영생이란 이미 언급한 것같이 "하나님과 예수 그리스도를 아는 것"(요 17:3)인데 그것이 완전하게 실현되는 것은 종말입니다. 그런 의미에서 영원한 생명을 받는 것이란 하나님의 생명을 받고 하나님과의 교제가 완전한 것이 되어서 그 교제를 통해 하나가 될 만큼, 하나님과 예수 그리스도를 완전하게 아는 것이라 말할 수 있을 것입니다.

하나님 나라의 완성은 개인의 구원의 완성임과 동시에 세계와 역사의 구원의 완성입니다. 그것은 하나님의 지배 그 자체로서, 세계와 역사가 하나님의 완전한 축복을 받고 완전한 성화에 이르는 것 자체입니다.

완성된 하나님의 나라에는 죄를 포함한 모든 악이 없습니다. 그것은 창세기에 기록된 에덴동산의 상태로 돌아간다는 것과는 차원이 다릅니다. 에덴동산에서는 여자와 남자가 뱀의 유혹으로 죄를 범하는 것이 가능했지만(사토 토시오〈佐藤敏夫〉), 완성된 하나님의 나라에서는 타락의 여지가 없습니다. 그것은 인간만이 아니라, 자연과 우주 전체에도 적용되는 것이며 그 때에는 천지의 모든 것이 그리스도 안에서 하나가 되는 것입니다(엡 1:10).

그러나 본래 하나님의 나라와 세계·역사와의 관계는 직접 연결된 것은 아닙니다. "내 나라는 이 세상에 속한 것이 아니니라"(요 18:36)라든가 "혈과 육은 하나님 나라를 이어 받을 수 없고"(고전 15:50)라고 기록된 것처럼, 양자의 사이에는 죽음과 멸망을 사이에 둔 분명한 단절이 있습니다. 그럼에도 불구하고 세계와 역사는 구원받고 완성된 하나님의 나라가 된다고 한다면 양자의 사이에는 불연속의 연속이라는 관계도 있다는 것이 됩니다. 그 양자가 통일되고 "만물을 새롭게 하노라"(계 21:4-5)하신 하나님이 "만유의 주로서 만유 안에 계시려 하심이라"(고전 15:28)고 성경에 기록되어 있습니다. 그것이야 말로 궁극적인 구원입니다. 교회는 이 구원을 믿고 하나님의 나라가 완성되는 때에 전 피조세계가 완전히 새로운 영원의 세계로 변화되고 하나님이 "만유의 주로서 만유 안에 계시려" 하신다는 것을 마지막 날까지 그리스도 안에서 계속해서 고백하는 것입니다.

나가는 말

종말론은 소망의 가르침입니다. 그것은 하나님과 나, 하나님과 자연·세계·우주, 이러한 것들 사이에 근본적인 긴장관계를 인정하고 오로지 하나님에게만 그 주권이 있다는 것을 발견하는 믿음 안에서 성립합니다. 그것은 세상의 구주이시며 성취자이신 하나님에게만 현실 세계와 역사의 어둠과 모순에 대한 궁극적 해결과 하나님 나라의 완성을 기대합니다. 그것은 오로지 하나님만이 그 해결과 완성을 이루실 분이라고 믿는 믿음과 소망으로만 가능해집니다. 그러나 그렇다고 해서 그리스도인들은 이 세상에서 살아 가는 동안, 이러한 믿음과 소망을 가지고 아무것도 하지 않으면서 그냥 하나님 나라의 완성자이신 그리스도의 도래를 기다린다는 삶의 방식을 취하면 된다는 것이 아닙니다. 종말론은 이 세상에서 윤리적 삶을 요구합니다. 진정으로 이러한 믿음과 소망으로 살아가는 사람은 오히려 "기다리며 서두르며"(J.C. 블룸하르트), 그리스도의 제자로서, 따라서 사랑의 제자로서 사회에서 구체적 사랑의 실천을 통하여 하나님 나라의 도래와 구현과 완성이 빨라지도록 살기에 힘쓰는 것입니다. 그렇게 삶을 영위하는 곳에 하나님의 지배의 신앙, 다시 말해 하나님 나라의 신앙이 구체화되는 것이며 종말론적 신앙이 구현되어 가는 것입니다. 종말론도 또한 단순한 '론'에 머물러서는 안 됩니다.

소망의 가르침인 종말론은 도대체 어디까지 말할 수 있을까요? 이 문제는 믿음 위에 선 우리들 한 사람, 한 사람이 각각의 믿음과 이성을 바탕으로 결단하지 않으면 안 됩니다. 다만, 반복해서 말하지만, 성경의 계시를 넘어서서 인간적인 호기심이나 논리적 귀결로부터 도출되는 여러 요청에 따라 종말에 관한 것을 이렇게 저렇게 마음대로 추론하는 것이나 단언하는 것은 피해야 합니다. 성경에 근거한다고 말하면서도 어떤 일부분만을 끄집어내어 그 성경 본문을 그저 문자 그대로 받아들이고 자신의 생각에 맞도록 고의적으로 이어 붙여서 거기에다가 멋대로 해석을 덧붙여 단정하는 것은 피해야 합니다. 그것은 자신이나 세상을 터무니없이 잘못된 방향으로 이끌 위험이 있습니다. 무엇보다도 이를 읽고 있는 우리들은 모두, 아직 완전한 의미에서의 끝(종말)을 맞이하지는 않았기 때문에 종말에 대해 아무리 많은 것을 배우고, 생각하고, 확신하고, 말한다 해도 거기에는 한계가 있다는 것을 분별할 필요가 있습니다. 즉 종말에 대해서는 '아직 완전하게 알지는 못한다'는 겸허함으로 '유보'하는 태도가 중요합니다. 그러나 '유보'한다는 겸허함과 용기를 가질 때, 우리들은 우리들 자신의 한계를 인정함과 동시에 그 한계야말로 새롭게 열리는 미래의 가능성으로서 소망을 갖게 될 것입니다. 또한 진정한 '끝'이야말로 진정한 '시작'으로서, 종말은 커다란 희망이 될 것입니다.

    종말론은 희망의 가르침입니다. 배우면 배울수록 믿음 안에서 살아가는 기쁨과 감사가 늘어나게 될 것입니다. 매일 매일의 생활 속에서는 소망이 굳건해지고 사랑의 실천에 구체적인 열심을 내게 될 것입니다. 그리고 재림하신다고 약속하신 그리스도를 간절히 기다리면서 마지막 날을 준비하게 될 것입니다.

생각해 볼 문제

1. 종말의 일시를 예언하는 사람을 믿고 따라가도 될까요?

2. 영생은 언제까지나 죽지 않는다는 것일까요? 즉 영원한 생명은 육체가 멸망해도 영혼은 멸망하지 않고 시간적으로도 계속해서 무한히 존재하는 것일까요? 아니면 시간을 초월한 영원 안에서 부활한 몸으로, 전인적인 생명을 사는 것일까요? 성경에 기록된 "영원"에 대해서도 함께 생각해봅시다.

3. 하나님 나라가 완성할 때에 일어날 궁극적인 구원은 어떤 것일까요?

4. 종말론은 정말로 "희망의 가르침"일까요?

더 읽을 만한 책

김명용. 『이 시대의 바른 기독교 사상』. 서울: 장로회신학대학교출판부, 2001.

춘계 이종성. 『종말론』 (1), (2) 저작전집 13, 14. 서울: 한국기독교학술원, 2001.

H. G. 푈만. 『교의학』. 서울: 신앙과 지성사, 2012.

위르겐 몰트만. 『희망의 신학』. 서울: 대한기독교서회, 2002.

위르겐 몰트만. 『오시는 하나님: 기독교적 종말론』. 서울: 대한기독교서회, 1997.

G. Sauter. 『종말론 입문. 소망의 이유를 묻는 이를 위하여』. 서울: 한들출판사, 1999.